다산의 문장 수업
다산 평생의 내공으로 삶의 질서를 만드는 하루 한 문장 필사

목차

서문 ○ 006

이 책을 활용하는 방법 ○ 010

제1부　학이치용〔學以致用〕― 배우고 묻고 적용하다　○ 014
제2부　실사구시〔實事求是〕― 사실에 입각해 진리를 구하다　○ 056
제3부　반구제기〔反求諸己〕― 스스로 성찰하여 허물을 발견하다　○ 098
제4부　지행겸진〔知行兼進〕― 몸소 실행해 큰 뜻을 이루다　○ 140
제5부　정심성의〔正心誠意〕― 삶의 원칙을 공고히 하다　○ 184
제6부　경세설제〔經世設制〕― 세상을 경영할 제도를 설계하다　○ 224

기록과 절차로 사실을 다져 현실을 고치는 다산의 사상　○ 266

서문

우리는 매일 수많은 정보를 접하며 살아갑니다. 짧은 영상과 뉴스, 칼럼과 강연이 끊임없이 쏟아지고, 우리는 그 내용을 흡수하고 또 소비합니다. 하지만 그렇게 많이 아는 것 같아도, 실제 삶이 바뀌고 있다는 실감은 잘 들지 않습니다. 문제는 되풀이되고, 갈등은 사라지지 않으며, 새로운 정보는 축적될 뿐 실행되지 않습니다. 왜일까요? 우리가 배우는 것과 고치는 것을 아직 제대로 연결하지 못하고 있기 때문입니다. 공부가 삶을 움직이지 못할 때, 지식은 현실 밖에서만 맴돌게 됩니다.

다산 정약용은 공부의 목적이 현실을 고치는 것이라고 했습니다. 그는 『논어고금주』에서 배우고 때에 맞게 익히는 것(學而時習)을 삶의 질서를 세우는 실천의 과정으로 보았습니다. 옳고 그름을 따지는 것으로 그치지 않고, 개선을 위한 절차로 옮겨야 한다는 것입니다. 다산에게 공부란 배운 것을 몸으로 옮기는 것이며, 실천적인 제도와 실행으로 드러나야 하는 것이었습니다.

이런 정약용의 사상은 그의 생애 전반에 걸쳐 수많은 실천으로 이어집니다. 『경세유표』에서는 국가 제도의 뼈대를 다시 짜며, 관청의 역할과 행정의 절차, 책임의 구조를 개선했고, 『목민심서』에서는 지방관이 해야 할 일을 시간 단위로 나누고, 민원 처리와 재정 집

행을 어떻게 기록하고 남겨야 할지를 정리했습니다. 『흠흠신서』에서는 형사 재판의 원칙을 제시하며, 감정이나 편견에 흔들리지 않고 증거에 따라 판단하는 절차를 제시했습니다. 『아방강역고』에서는 지리와 행정의 불일치를 바로잡고자 직접 전국의 고지도와 문헌을 대조해, 하천과 도로, 국경의 실제를 기록했습니다. 화성 축성에서는 도르래 장치인 거중기를 활용하여 인력과 예산을 절감할 수 있는 기술을 고안했고, 그 방법을 『기예론』에 남겼습니다. 다산에게 사상이란 언제나 현실을 바꾸기 위한 일종의 설계도였습니다.

이 책은 다산 정약용이 남긴 문장을 직접 써보고, 그 안에 담긴 구조와 판단의 원리를 따라가며, 지금 내가 마주한 문제에 적용해보는 다산의 공부 방식을 따르고자 제작되었습니다. 다산이 직접 쓴 편지, 장서, 행정 문서, 절차서, 주석들을 읽고, 손으로 써보고, 지금 자신의 문제에 적용해 보는 것입니다. 하루에 하나의 주제를 고릅니다. 고른 주제에 해당하는 문장을 손으로 옮겨 쓰고, 그 뜻을 자신의 말로 다시 정리합니다. 그다음, 오늘 내가 실제로 바꿔볼 수 있는 작고 구체적인 일을 하나 떠올려 기록합니다.

예를 들어, 『목민심서』에서 초역한 "하루의 일은 아침에 달렸다(다산의 문장 수업 144쪽)"는 문장을 골랐다면, 기상 후 하루의 일정을 정리하고 계획을 세우는 것으로 시작할 수 있습니다.

『흠흠신서』에서 초역한 "반드시 증거를 근거로 삼아 사실이 서로 맞아떨어진 뒤에 판결하라(다산의 문장 수업 92쪽)"는 내용을 읽었다면, 감정적으로 판단하기 쉬운 상황에서 잠시 멈추고, 기록과 근거를 중심으로 다시 정리해보는 방식으로 연결할 수 있습니다.

이 네 단계를 매일 반복합니다. 문장을 고르고, 쓰고, 자신의 말로 바꾸고, 실행 계획을 적는 일. 작은 일이지만 생각의 구조를 바꾸고, 판단의 방향을 고정시키는 데에는 충분합니다.

이런 방식은 다산이 중요하게 여긴 질서와도 맞닿아 있습니다. 그는 구호보다 제도를, 감정보다 절차를, 권위보다 기록을 중시했습니다. 문제를 정의할 때도 늘 같은 질문으로 시작했습니다.

"무엇이 문제인가?",

"왜 그런가?",

"어떻게 고칠 수 있는가?"

그리고 이 세 가지 질문에 대한 답을 글이 아니라 실행과 제도, 설계로 풀어냈습니다. 공부는 결국 고치는 힘이 되어야 한다고 그는 믿었습니다. 그리고 그 힘은 지금 내가 있는 자리에서 드러나야 한다고 했습니다.

필사는 그 힘을 길러내는 도구입니다. 손으로 옮기며 문장의 흐름을 따라가다 보면, 놓쳤던 중심과 논리가 다시 보입니다. 내 손으로 문장을 쓰고, 내 말로 뜻을 정리하며, 오늘의 일에 어떻게 연결할지를 고민하는 과정에서, 다산의 공부는 새로운 절차와 자연스럽게 이어집니다. 이 반복은 생각의 틀을 다시 세우고, 판단의 기준을 다듬으며, 일의 순서를 정돈하게 합니다.

  하루에 한 장이면 충분합니다. 다산의 문장을 읽고, 그 뜻을 이해하고, 손으로 써보고, 내가 할 수 있는 일을 하나 정리해보는 것. 그 작고 꾸준한 흐름이 쌓이면, 생각이 달라지고, 습관이 바뀌며, 결국 삶의 방식이 달라집니다.

  다산의 문장이 여러분의 손을 거쳐 여러분 자신의 말이 되기를 바랍니다. 그리고 그 말이 판단과 행동을 조금씩 바꾸어 가기를 바랍니다. 공부는 현실을 바꾸기 위한 것입니다. 그리고 그 현실은 멀리 있지 않습니다. 변화는 바로 지금, 그 자리에서부터 시작됩니다.

이 책을 활용하는 방법

책의 구성 이해하기

이 책은 매일 한 페이지씩 필사할 수 있도록 다음과 같이 구성되어 있습니다.

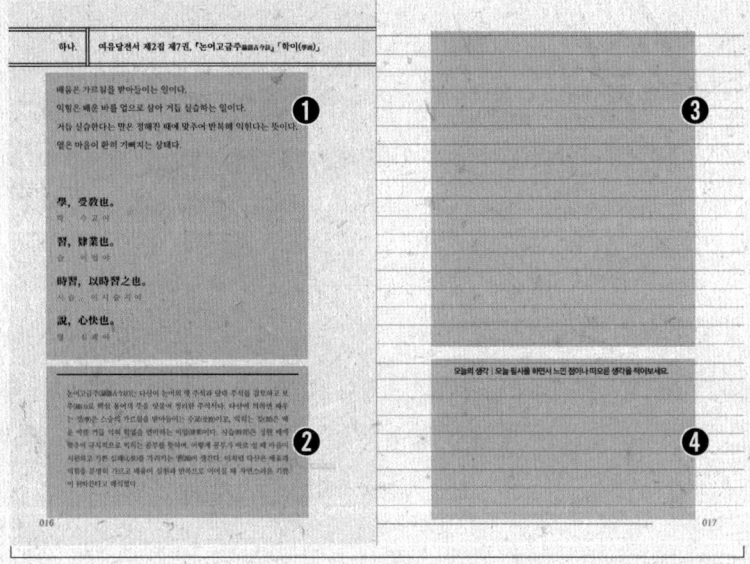

❶ **다산의 문장** 현대어 번역과 원문이 제공됩니다.
❷ **해설과 질문** 문장의 의미와 배경을 이해하기 쉽게 설명하고, 문장이 우리에게 주는 의미에 대해 질문을 던집니다.
❸ **필사 공간** 다산의 문장을 따라 쓰는 공간입니다. 현대어 번역 문장만 따라 써도 좋고, 원문도 함께 따라 써도 좋습니다.
❹ **오늘의 생각** 필사를 마친 후 느낀 점이나 떠오른 생각을 적는 공간입니다.

필사 전 준비 단계
① 필사에 알맞은 환경 조성하기

방해 요소가 적은 장소를 선택해 집중할 수 있는 환경을 만듭니다. 은은한 조명이나 향초, 차 한 잔 등으로 마음을 안정시키는 것도 좋습니다.

② 필기 도구 준비하기

편안하게 쓸 수 있는 펜이나 연필을 준비합니다. 특별한 의미를 부여하고 싶다면 좋아하는 필기구를 사용해 보세요.

필사를 시작하기 전에 심호흡을 하며 마음을 가다듬습니다.

필사 과정 따라하기

Step 1 다산의 문장 읽기

다산의 문장을 천천히 읽어보세요. 해설을 보기 전에 문장에 담긴 의미를 스스로 생각해 보는 것이 중요합니다.

배움은 가르침을 받아들이는 일이다.
익힘은 배운 바를 업으로 삼아 거듭 실습하는 일이다.

Step 2 해설 이해하기

해설을 읽으며 문장의 뜻을 이해합니다.
해설의 내용을 바탕으로 자신의 삶과 다산의 문장을 연결 지어 질문해 봅니다.

다산에 의하면 배우는 것(學)은 스승의 가르침을 받아들이는 수교(受敎)이고, 익히는 것(習)은 배운 바를 거듭 익혀 학업을 연마하는 이업(肄業)이다.

Step 3 필사하기

제공된 필사 공간에 다산의 문장을 천천히 따라 써봅니다. 다산의 의도에 집중해 보세요.

學, 謂徵之於載籍.

학   위   징   지   어   재   적

배움은 문헌에 의거해 증거를 대는 것이다.

---

* 팁
글씨체나 글 쓰는 속도에 신경 쓰기보다는 마음을 담아 쓰는 데 집중하세요. 필요하다면 반복해서 써보며 문장의 의미를 깊이 있게 받아들입니다.

Step 4 오늘의 생각 써보기

필사를 마친 후 떠오른 생각이나 감정을 자유롭게 적어보세요.

오늘 쓴 문장이 자신의 삶에 어떤 영향을 미치는지 돌아보고, 어떻게 적용할 수 있을지 고민해 봅니다.

제1부 배우고 묻고 적용하다

학이치용

學以致用

하나. 여유당전서 제2집 제7권, 『논어고금주論語古今註』「학이(學而)」

배움은 가르침을 받아들이는 일이다.

익힘은 배운 바를 업으로 삼아 거듭 실습하는 일이다.

거듭 실습한다는 말은 정해진 때에 맞추어 반복해 익힌다는 뜻이다.

열은 마음이 환히 기뻐지는 상태다.

學, 受敎也。
학, 수교야

習, 肄業也。
습, 이업야

時習, 以時習之也。
시습, 이시습지야

說, 心快也。
열, 심쾌야

논어고금주(論語古今註)는 다산이 논어의 옛 주석과 당대 주석을 검토하고 보주(補曰)로 핵심 용어의 뜻을 덧붙여 정리한 주석서다. 다산에 의하면 배우는 것(學)은 스승의 가르침을 받아들이는 수교(受敎)이고, 익히는 것(習)은 배운 바를 거듭 익혀 학업을 연마하는 이업(肄業)이다. 시습(時習)은 정한 때에 맞추어 규칙적으로 익히는 공부를 뜻하며, 이렇게 공부가 바로 설 때 마음이 시원하고 기쁜 심쾌(心快)를 가리키는 열(說)이 생긴다. 이처럼 다산은 배움과 익힘을 다른 과정으로 구분하고 배움이 실천과 반복으로 이어질 때 자연스러운 기쁨이 뒤따른다고 해석했다.

오늘의 생각 | 오늘 필사를 하면서 느낀 점이나 떠오른 생각을 적어보세요.

둘. 여유당전서 제2집 제7권, 『논어고금주(論語古今註)』「위정(爲政)」

배움은 문헌에 의거해 증거를 대는 것이고,
생각은 내 마음에서 깊이 따져 보는 것이다.
'망'이란 남에게 속는 것이고, '태'란 위태로움이다.
근본과 말단을 따지지 않고 옛 책을 믿으면 거짓에 속을 수 있고,
옛사람의 법을 상고하지 않고 제 생각만 믿으면 그 앎이 위태롭다.
배움과 사유는 어느 한쪽도 폐기하거나 치우쳐서는 안 된다.

學, 謂徵之於載籍。
학, 위징지어재적.

思, 謂研之於自心。
사, 위연지어자심.

罔, 受欺也. 殆, 危也。
망, 수기야. 태, 위야.

不究本末而輕信古書, 則或墮於誣罔。
불구본말이경신고서, 즉혹타어무망.

不稽古先而輕信自心, 則所知者危殆。
불계고선이경신자심, 즉소지자위태.

二者不可偏廢也。
이자불가편폐야.

다산에게 배움은 옛 문헌에서 객관적인 증거를 찾는 일이요, 사유는 자신의 마음으로 그 이치를 따져보는 행위였다. 그는 배움에만 치우쳐 사유가 없으면 옛 책의 거짓에 속게 되고, 배움 없이 사유에만 몰두하면 근거 없는 생각에 빠져 위태로워진다고 경계했다. 그러므로 참된 지혜는 이 두 가지가 수레의 양 바퀴처럼 함께 굴러갈 때 얻을 수 있다. 옛사람의 지혜를 널리 배우되 맹신하지 않고, 자신의 머리로 깊이 생각하여 옳은 것을 가려내는 것. 이것이 바로 거짓과 위태로움에서 벗어나 진리에 이르는 길이라고 다산은 보았다.

오늘의 생각 | 오늘 필사를 하면서 느낀 점이나 떠오른 생각을 적어보세요.

셋. 여유당전서 제2집 제7권, 『논어고금주(論語古今註)』「태백」

미치지 못할까 하는 그 마음은,

길 가는 이가 관문이 닫히기 전에 서둘러 달려가며

문이 닫힐까 두려워하는 것과 같고,

또 탐하는 자가 금옥을 보았을 때의 마음과도 같다.

其情如行人趁關門,
기 정 여 행 인 춘 관 문,

恐其閉,
공 기 폐,

惟恐失,
유 공 실,

其情如貪夫見金玉。
기 정 여 탐 부 견 금 옥.

다산은 미치지 못하는 상황과 두려워하는 상황을 비교하며, 공부의 태도를 긴박함(관문이 닫히기 전 달려가는 마음)과 탐함(금옥을 본 듯 끌리는 마음)으로 규정한다. 다산에게 공부는 시기를 놓치면 문이 닫히는 일이며, 동시에 마음 깊은 곳의 욕망을 올곧게 돌려붙이는 작업이다. 대신 욕망을 없애기보다는 지식과 덕성의 축적으로 전환하라고 한다. 이렇게 절박함과 사랑을 공부에 결박시키면, 앞서 다산이 말한 시습(時習), 정한 때에 꾸준히 반복하는 공부가 실제 생활이 되고, 그 결과로 열, 스스로에게서 솟는 맑은 기쁨이 뒤따른다. 배움은 지금 여기서 시작하는 일이며, 닫히기 전에 달려가듯 그리고 귀한 보석을 보듯 마음을 기울일 때 비로소 공부가 제 자리를 잡는다.

오늘의 생각 | 오늘 필사를 하면서 느낀 점이나 떠오른 생각을 적어보세요.

| 넷. | 여유당전서 제2집 제7권, 『논어고금주(論語古今註)』「학이(學而)」 |

사람들이 알아주지 않는다는 말은

사람들이 내가 이룬 학문의 성취를 알지 못한다는 뜻이다.

분함은 그로 인하여 응어리가 맺힌 바가 있다는 말이다.

人不知,
인 불 지 ,

謂人不知我之學成也。
위 인 부 지 아 지 학 성 야 .

慍, 心有所蘊結也。
온 , 심 유 소 온 결 야 .

다산은 여기서 인지(認知)와 감정의 관계를 분리해 설명한다. 남들이 내 학문의 성취 수준을 모르는 상황은 외부 조건이고, 그때 마음에 응어리를 쌓는 것은 내부의 선택이다. 다산에게 학문은 가르침을 받아들이고 정한 때에 반복하여 익히는 실천이며, 그 결과로 생기는 기쁨은 타인의 인정이 아니라 스스로 공부가 성립했을 때 오는 안정이다. 그래서 군자는 남이 알아주지 않더라도 마음을 맑게 지키고, 응어리를 해소할 만큼 배움과 익힘을 계속해 내적 기준을 세워야 한다.

오늘의 생각 | 오늘 필사를 하면서 느낀 점이나 떠오른 생각을 적어보세요.

다섯. 여유당전서 제2집 제7권, 『논어고금주(論語古今註)』「학이(學而)」

배움은 알기 위한 것이고,
익힘은 행하기 위한 것이다.
배우고 때에 맞추어 익히는 사람은 앎과 행함이 함께 나아간다.
후세의 공부는 배우기만 하고 익히지 않으므로 기쁨이 없다.

學所以知也。
학 소 이 지 야.

習所以行也。
습 소 이 행 야.

學而時習者, 知行兼進也。
학 이 시 습 자, 지 행 겸 진 야.

後世之學, 學而不習, 所以無可悅也。
후 세 지 학, 학 이 불 습, 소 이 무 가 열 야.

다산은 배우는 것과 익히는 것의 목적을 구분했다. 학(學)은 지(知)를 밝히는 일이고, 습(習)은 행(行)을 이루는 일이다. 학이시습(學而時習)이라는 규율을 바탕으로 공부가 이루어질 때, 지행겸진(知行兼進), 곧 앎과 행함이 함께 자란다고 보았다. 따라서 학문은 지(知)와 행(行)이 서로를 보완하며 함께 나아갈 때 비로소 참된 성과를 거둘 수 있다.

오늘의 생각 | 오늘 필사를 하면서 느낀 점이나 떠오른 생각을 적어보세요.

여섯. 여유당전서 제2집 제2권, 『경집(經集)』「대학강의(大學講義)」

대학을 닦는 공부에는 차례가 있다.
그러나 책을 읽듯 위의 장을 다 끝내고 아래 장으로 내려가
아래 장을 다 읽었다고 위의 장과 더는 상관이 없다는 식이어서는
안 된다.

大學工夫 雖有次第。
대 학 공 부   수 유 차 제.

豈如讀書者 先了上篇 次讀下篇。
기 여 독 서 자   선 료 상 편   차 독 하 편.

逮讀下篇 更無事於上篇者乎。
체 독 하 편   갱 무 사 어 상 편 자 호.

다산은 공부를 되돌아가며 몸에 붙이는 순환의 과정으로 이해했다. 알았다고 넘어가지 말고 방금 배운 것을 곧바로 손으로 익히고, 다음 내용을 배우면서도 앞선 동작을 매일 다시 돌려 연습하면 이해도와 숙련도가 함께 오른다. 오늘 읽고 내일 바로 실습하는 것이 아니라, 오늘 읽은 만큼 오늘 바로 해 보고 내일 또 그 동작을 짧게 복습해 미세하게 고쳐 간다. 이렇게 배우기와 익히기가 서로 밀어 올리는 흐름을 만들면 지식은 기술이 되고, 배움은 곧 성과로 이어진다.

오늘의 생각 | 오늘 필사를 하면서 느낀 점이나 떠오른 생각을 적어보세요.

일곱.

여유당전서 제2집 제7권, 『논어고금주(論語古今註)』 「위정(爲政)」

가르침을 맡을 수 있다는 말은
스승이라는 직분이 충분히 해볼 만하다는 뜻이다.
예전에 배운 것이 이미 식었다 하더라도
이제 남을 가르치는 까닭으로 옛것을 덥혀 새것을 알게 되니
이것이 어찌 내게 이익이 아니겠는가.
그러므로 사람은 스승이 될 수 있는 것이다.

可以爲師, 謂師之爲職, 頗可爲也。
가 이 위 사, 위 사 지 위 직, 파 가 위 야.

舊學旣冷, 今以敎人之故,
구 학 기 냉, 금 이 교 인 지 고,

得溫故而知新, 非益我之事乎?
득 온 고 이 지 신, 비 익 아 지 사 호?

人可以爲師矣。
인 가 이 위 사 의.

다산은 스승이 되는 것의 의미를 공부의 작동 방식으로 풀어낸다. 배운 것이 식어 가는 것을 막는 가장 확실한 방법은 가르침을 통해 온고지신(옛것을 덥혀 새것을 앎)을 실현하는 일이다. 이렇게 가르침은 제자를 돕는 일이자, 동시에 자기 공부를 끊임없이 되돌아보게 하는 훌륭한 수련법이다.

오늘의 생각 | 오늘 필사를 하면서 느낀 점이나 떠오른 생각을 적어보세요.

여덟. 여유당전서 제2집 제7권, 『논어고금주(論語古今註)』「학이(學而)」

전하지 못했다는 말은 곧 배우고도 익히지 못했다는 뜻이다.
스스로 익히지 않은 것을 어찌 남에게 전하겠는가.
익히지 않고 전하는 일은 이치상 있을 수 없다.

傳不習者, 學而不習也。
전불습자, 학이불습야.

己所不習, 何以傳授?
기소불습, 하이전수?

不習而傳, 理所無也。
불습이전, 리소무야.

다산은 이 구절에서 학습과 전수의 선후를 단호히 세운다. 전수한다는 것은 앞에서 배운 것을 뒤로 잇고 건네는 기능을 가리키므로 스승에게서 받은 것에도 쓰이고 내가 제자에게 주는 것에도 두루 쓰인다. 이 과정의 핵심은 습(習)이다. 배우고도 익히지 않으면 습득하지 못한 상태에 머무르니 그것은 외운 지식일 뿐 몸에 붙은 업(業)이 아니다. 그런 상태로 무엇을 전수하겠는가. 내가 먼저 익혀 체득한 것만이 타인에게 힘을 가진다.

오늘의 생각 | 오늘 필사를 하면서 느낀 점이나 떠오른 생각을 적어보세요.

아홉. 여유당전서 제2집 제7권, 『논어고금주(論語古今註)』「학이(學而)」

공문자는 본디 선량한 인물이 아니다.

아랫사람에게 묻기를 부끄러워하지 않았다는 평은 그저 권사,

곧 처지에 따른 말이다.

辨孔文子本是惡人,
변 공 문 자 본 시 악 인,

不恥下問是權辭。
불 치 하 문 시 권 사

공문자(본명 공어孔圉)는 춘추시대 위나라의 대부였다. 『논어』「공야장」편에서 공자는 그가 배움을 빠르게 받아들이고 기꺼이 즐기며, 지위 고하를 가리지 않고 누구에게든 물어보는 사람이라며 높이 평가하였다. 이런 덕행으로 시호 '문(文)'을 받았다.

하지만 다산은 그가 본디 선한 인물은 아니며, 그 칭찬은 교화를 위한 권사(權辭), 즉 상황적 수사에 불과하다고 분명히 한다.

겸허히 묻는 태도라는 미덕은 취할 수 있지만, 그것이 인물 전체를 미화하는 근거가 될 수는 없다. 평가의 기준은 기록과 이치에 따라 배움(기록에서 근거를 찾는 공부), 사유(스스로 따져 보는 성찰), 익힘(반복해 몸체 붙이는 훈련)이라는 검증을 따라야 한다.

오늘의 생각 | 오늘 필사를 하면서 느낀 점이나 떠오른 생각을 적어보세요.

열. 여유당전서 제2집 제7권, 『논어고금주(論語古今註)』「학이(學而)」

군자는 친구들과 함께 토론하고 익힌다고 했다.
강이란 옳고 그름을 따져 묻고 답하며 폭넓게 논의하는 공부이다.
반면 송은 시경과 서경 같은 글을 그냥 외는 데 그칠 뿐이니,
배움이 어찌 암송에만 머물 수 있겠는가.

朋友講習。大象。
봉우강습. 대상.

講者, 論辨也, 無所不包。
강자, 논변야, 무소불포.

誦則詩書而已,
송 칙 시 서 이 이,

學止是哉。
학 지 시 재.

다산은 강(講)을 논변(論辨)으로 보아 배움이 암송에만 머물지 않고 강(講)과 습(習)으로 확장되어야 한다고 풀이한다. 여기서 강은 이치를 캐는 논증과 비판의 과정이고, 습은 그 이치를 몸에 배게 하는 반복이다. 따라서 학(學)은 습과 결합되고, 송은 강과 결합될 때 지(知)와 행(行)이 함께 자란다.

오늘의 생각 | 오늘 필사를 하면서 느낀 점이나 떠오른 생각을 적어보세요.

열하나.

여유당전서 제2집 제7권, 『논어고금주論語古今註』「술이(述而)」

나에게 스승이 있다는 말은
도리와 학문을 가르치는 스승만을 뜻하지 않는다.
사방의 생활과 풍속, 온갖 장인들의 기술 가운데에도
배울 만한 한 가지 좋음이 있으면 그 사람은 모두 내 스승이다.
또 그 좋은 점을 가려 따른다는 말은 두 사람을 함께 놓고 보아,
두 사람의 좋은 말과 좋은 행실을 취하되,
한 사람만 치우쳐 따르고 다른 한 사람을 버리는 식으로 해서는 안 된다는 뜻이다.

必有我師者, 非謂道學之師, 或四方謠俗,
필유아사자, 비위도학지사, 혹사방요속,
百工技藝, 及有一善可學者, 皆我師也。
백공기예, 급유일선가학자, 개아사야。
補曰 擇其善者, 謂通執兩人, 擇其善言善事,
보왈 택기선자, 위통집양인, 택기선언선사,
不必偏取一人, 棄其一也。
불필편취일인, 기기일야。

다산은 스승(師)을 도학(道學)을 전수하는 존재로만 한정하지 않고 배울 만한 선(善)의 유무로 재정의한다. 배움은 경전에만 있지 않고, 장인의 손기술 같은 살아 있는 경험 속에도 깃든다고 보았기 때문이다. 그래서 그는 모범을 부분적으로 추출하라고 한다. 사람 전체를 숭배하거나 배척하지 말고, 기록에서 근거를 찾는 공부(學)와 스스로 따져 보는 성찰(思)을 거쳐 반복해 몸에 붙이는 훈련(習)으로 검증된 좋은 말과 좋은 행실만 취하라고 한다. 이렇게 하면 인물에 대한 평가는 냉정해지고 배움은 넓어진다. 누구에게서든 배울 것을 찾아 온고지신(옛것을 덥혀 새것을 얻음)을 실천하는 것이 중요하다고 본다.

오늘의 생각 | 오늘 필사를 하면서 느낀 점이나 떠오른 생각을 적어보세요.

| 열둘. | 여유당전서 제2집 제7권, 『논어고금주(論語古今註)』 「학이(學而)」 |

살피건대, 먹고 거처하는 일은 모두 작은 몸을 기르는 일이다.

이를 먼저 말한 것은,

스스로의 욕망을 이기는 일이 앞섬을 밝힌 것이다.

按食與居, 皆所以養小體也。
안 식 여 거, 개 소 이 양 소 체 야.

先言此者,
선 언 차 자,

明克己在先。
명 극 기 재 선.

다산은 이 대목을 통해 수양의 순서를 제시한다. 먼저 먹는 일과 거처하는 것은 작은 몸을 돌보는 영역이므로, 여기서 작은 몸을 위한 지나친 탐닉을 끊어 내는 일, 곧 극기(克己: 자기 욕망을 이겨 냄)를 시작할 필요다고 본다. 배부름과 편안함을 좇는 마음을 다스려야 그다음 단계인 일에서의 민첩함과 말에서의 신중함, 그리고 바른 스승과 도를 찾아 바로섬이 실제로 작동하기 때문이다. 다산에게 공부와 덕의 형성은 생활 습관의 절제, 검소한 식사, 소박한 거처에서부터 시작한다.

오늘의 생각 | 오늘 필사를 하면서 느낀 점이나 떠오른 생각을 적어보세요.

열셋

여유당전서 제2집 제7권, 『논어고금주(論語古今註)』 「위정(爲政)」

단이란 실마리를 뜻한다.
백가의 온갖 기술 가운데 성명의 공부와 경전의 가르침에 들지 않는 것은
모두 이단이다.
비록 백성들의 일상살이에 도움 되는 바가 있다 해도,
만약 그런 일만을 전문으로 삼는다면
이는 또한 군자의 공부에 해가 된다."

端者, 緒也。
단자, 서야.
百家衆技, 凡不在性命之學、
백가중기, 범불재성명지학,
經傳之教者, 皆異端。 雖或有補於民生日用者,
경전지교자, 개이단. 수혹유보어민생일용자,
若專治此事, 斯亦有害於君子之學也。
약전체차사, 사역유해어군자지학야.

다산은 이단(異端)을 후대의 종교적 낙인처럼 몰아붙이는 말이 아니라 공부의 중심에서 벗어난 편벽으로 규정한다. 그가 말하는 본학(本學)의 축은 둘이다. 첫 번째는 성명지학(性命之學)이다. 여기서 성(性)은 사람이 타고난 도덕 본성이고 명(命)은 하늘이 부여한 삶의 질서와 한계를 뜻한다. 둘을 합치면 본성과 삶의 근본 원리를 바로 세우고 실천을 다지는 공부가 된다. 두 번째는 경전(經傳)이다. 규범이 되는 고전의 본문인 경(經)과 이를 해석하고 전승한 정통 주석인 전(傳)으로서 공부의 기준이 된다. 다산에 따르면 백가의 기술(技術)과 잡학(雜學)이 아무리 유용성이 있어도 그것만을 전업하고 전념하여 본학을 잃는 태도가 곧 이단이다. 다산이 기술과 실무의 가치를 부정하는 것이 아니다. 다만 그것들을 본학 위에 바르게 배치하라고 정리한다. 배움의 재료는 넓게 취하되 우선순위와 중심은 성명지학과 경전에 두어야 한다.

오늘의 생각 | 오늘 필사를 하면서 느낀 점이나 떠오른 생각을 적어보세요.

열넷 　여유당전서 제2집 제7권, 『논어고금주(論語古今註)』 「학이(學而)」

듣는다는 것은 스승과 벗에게서 배워 얻는 것을 말한다.
본다는 것은 책에서 읽어 얻는 것을 말한다.

聞, 謂得之於師友。
문, 위 득 지 어 사 우.
見, 謂得之於書籍。
견, 위 득 지 어 서 적.

다산은 배움의 방법을 두 가지로 나눈다. 하나는 사람에게서 배우는 것이고, 다른 하나는 책에서 스스로 깨우치는 것이다. 스승이나 벗과 주고받는 말, 질문하고 답하는 과정, 행동을 직접 보고 따라 하는 일은 지식을 생생하게 전달한다. 그러나 입에서 입으로 전해지는 말은 오해도 생기기 쉬우니, 들은 것을 다시 점검하고 다듬는 일이 꼭 필요하다. 책에서 배우는 일은 언제든 돌아가 다시 확인할 수 있고, 정리된 체계를 따라가기에 깊이 있는 사고를 돕는다. 하지만 책은 물어볼 수 없기에, 혼자서 파고들어야 한다. 이해가 맞았는지 확인하려면, 결국 스스로 손을 움직여 보고, 몸으로 시험해 봐야 한다. 다산에 의하면 듣기만 하거나 읽기만 해서는 안 된다. 사람에게서 배우고, 책으로 확인하고, 반드시 적용해 보는 것. 배움이 삶에 뿌리내리려면, 실행 또한 중요하다. 그래서 다산은 배움을 묻고 익혀 실천하는 일로 본다.

오늘의 생각 | 오늘 필사를 하면서 느낀 점이나 떠오른 생각을 적어보세요.

열다섯. 여유당전서 제5집 제16권, 『정법집(政法集)』「목민심서(牧民心書)」

비록 내가 변변치 못하나,
따라다니며 배워서 들은 바가 있었고,
함께 다니며 살펴서 깨달은 바가 있었으며,
물러나 실행하여 시험해 본 결과가 있었다.

雖以鏞之不肖,
수 이 용 지 불 초,

從以學之, 竊有聞焉.
종 이 학 지, 절 유 문 언.

從而見之, 竊有悟焉
종 이 견 지, 절 유 오 언.

退而試之, 竊有驗焉。
퇴 이 시 지, 절 유 험 언.

이 구절은 다산이 스스로를 못난 사람이라 낮추면서 배움이 반드시 현실의 실행으로 이어져야 함을 세 단계로 밝힌 대목이다. 먼저 따라 배우며 들은 바가 있었고, 다음으로 따라 살피며 깨달은 바가 있었으며, 마지막으로 물러나 시험해 보니 확인된 바가 있었다고 말한다. 듣기에서 보기로, 보기에서 실행으로 이어지는 흐름이 곧 올바른 공부의 길이라는 뜻이다. 다산은 이런 절차를 통해 지식이 힘을 얻고 백성을 돌보는 일에 실제로 보탬이 된다고 보았다.

오늘의 생각 | 오늘 필사를 하면서 느낀 점이나 떠오른 생각을 적어보세요.

열여섯. 여유당전서 제1집 제21권, 『시문집(詩文集)』 서(書)

나는 몇 해 공부해 보니,
글을 그저 많이 읽는다고 읽은 것이 아님을 알았다.
책을 읽다가 낯선 글자나 낱말이나 뜻이 나오면
널리 대조하고 깊이 캐서 그 뿌리를 찾아야 한다.
그리고 그 요지를 스스로 정리해 글로 만들어
날마다 하는 일로 삼아야 한다.

吾自數年來頗知讀書,
오 자 수 년 래 파 지 독 서,

徒讀雖日千百遍, 猶無讀也。
도 독 수 일 천 백 편 유 무 독 야.

凡讀書, 每遇一字有名義不曉處,
범 독 서, 매 우 일 자 유 명 의 불 효 처,

須博考細究, 得其原根。
수 박 고 세 구, 득 기 원 근.

仍須詮次成文, 日以爲常。
잉 수 전 차 성 문, 일 이 위 상.

다산은 독서를 의미의 근원을 추적하는 기술로 규정한다. 알지 못하는 글자와 낱말이 나오면 그 말이 생겨난 자리와 옛 용례를 널리 대조해 뿌리를 밝혀야 한다고 말한다. 이것이 사실에 기대어 진리를 찾는 공부의 시발점이다. 이어서 탐구의 결과를 논리의 순서로 정리해 문장으로 기록하고 날마다 이를 실행해 판단력을 기른다. 스승의 답이라도 까닭이 분명치 않으면 다시 묻고 더 따지는 태도를 견지한다. 권위보다 근거를 앞세우는 학문관인 것이다.

오늘의 생각 | 오늘 필사를 하면서 느낀 점이나 떠오른 생각을 적어보세요.

열일곱. 여유당전서 제5집 제13권, 『정법집(政法集)』「경세유표(經世遺表)」

맹월의 초하루에, 선비 서른 명을 뽑아 방로의 집에 모이게 하여 가르침과 훈계를 듣게 한다.

방로가 법을 읽어 들려주고 학업을 가르친 뒤, 그들의 덕행과 재주를 살펴 기록을 정리하여 향대부에게 올린다.

법 읽기가 끝나면, 가르치는 사람이 뜻과 이치를 풀어 설명해 배우는 이들을 깨우치고, 배우는 이들은 차례로 질문하여 그 해설을 듣는다.

물러날 때에는 모두 예를 갖추어 머리를 숙여 절하고 나간다.

可以爲師, 謂師之爲職, 頗可爲也。
가 이 위 사, 위 사 지 위 직, 파 가 위 야.

舊學旣冷, 今以敎人之故,
구 학 기 랭, 금 이 교 인 지 고,

得溫故而知新, 非益我之事乎?
득 온 고 이 지 신, 비 익 아 지 사 호?

人可以爲師矣。
인 가 이 위 사 의.

다산이 구상한 향촌 교육 절차를 정리한 대목이다. 맹월은 계절의 첫 달을 가리키며 정기적인 학습일을 정한다는 뜻을 담는다. 방로는 마을의 원로 겸 책임자이고, 향대부는 그 위계의 지역 책임 관리다. 첫머리에서 법을 소리 내어 읽게 한 것은 공적인 규범을 공유시키려는 의도이며, 이어 강의와 질의응답을 통해 명확히 이해하고, 마지막에 예를 갖추어 마치게 하여 학습과 통치, 예절을 하나의 절차로 묶었다. 이러한 구상은 주례의 향촌 학제와 인재 선발 원리를 바탕으로 재구성한 것으로, 덕과 행실과 예능을 함께 길러내도록 설계한 학습 절차이다.

오늘의 생각 | 오늘 필사를 하면서 느낀 점이나 떠오른 생각을 적어보세요.

열여덟. 여유당전서 제2집 제8권, 『논어고금주(論語古今註)』「옹야(雍也)」

아는 자는 들어서 그 선함을 식별하는 사람이다.

좋아하는 자는 행함으로 그 맛을 기뻐하는 사람이다.

즐기는 사람은 터득하여 그 충만함을 온전히 누린다.

知者聞而識其善也,
지 자 문 이 식 기 선 야,

好者行而悅其味也,
호 자 행 이 열 기 미 야,

樂者得而享其充也。
락 자 득 이 향 기 충 야.

진정한 앎에는 세 가지 깊이가 있다.

첫 번째는 아는 자다. 이는 선(善)함이 무엇인지 머리로 분별하는 단계다. 마치 문밖에서 좋은 음식 냄새를 맡고, 그것이 귀한 음식임을 알아보는 것과 같다.

두 번째는 좋아하는 자다. 그는 문을 열고 들어가 직접 음식을 맛보고 그 즐거움을 아는 사람이다. 지식이 행동으로 옮겨져 기쁨을 주는 실재가 되는 경지에 도달한다.

마지막 가장 깊은 경지는 즐기는 자다. 그는 음식을 먹을 뿐만 아니라, 그 음식이 주는 영양분을 온전히 자기 몸의 일부로 만든다. 앎과 삶이 하나가 되어, 애써 의식하지 않아도 그 충만함을 온전히 누리는 경지다.

오늘의 생각 | 오늘 필사를 하면서 느낀 점이나 떠오른 생각을 적어보세요.

열아홉.

여유당전서 제5집 제16권, 『정법집(政法集)』「목민심서(牧民心書)」

오경과 사서를 손에 들고 거듭 살펴 연구하여,
스스로를 닦는 공부를 익혔다.
그런 뒤에 말하였다. 배움만으로는 절반에 그친다.
이에 스물세 사서와 우리 동쪽의 여러 역사, 제자들의 책들을 골라,
옛날 백성을 돌본 관리들의 자취를 가려 뽑고,
앞뒤 시대를 두루 더듬어 살피며,
무리짓고 나눠 모아, 차례대로 한 편으로 엮었다.

執五經四書, 反復研究, 講修己之學。
집 오 경 사 서, 반 복 연 구, 강 수 기 지 학.

既而曰, 學學半。
기 이 왈, 학 학 반.

乃取二十三史及吾東諸史及子集諸書,
내 취 이 십 삼 사 급 오 동 제 사 급 자 집 제 서,

選古司牧牧民之遺跡,
선 고 사 목 목 민 지 유 적,

上下紬繹, 彙分類聚, 以次成編。
상 하 주 역, 휘 분 류 취, 이 차 성 편.

이 문장은 원리 학습, 사례 수집, 분류 정리, 편찬의 네 단계로 이어지는 공부의 과정을 묘사한다. 먼저 경전으로 기준을 세우고, 다음으로 역사에서 사례를 모은다. 이어서 공통점과 차이를 가려 체계를 세우고, 마지막에는 누구나 다시 쓸 수 있도록 책으로 묶는다. 다산은 배움만으로는 절반에 불과하다고 단언하며, 남은 절반을 검증하고 정리하는 일로 채운다. 핵심은 정리하고 분류하는 체계화 자체가 학습의 과정이라는 점이다. 읽은 것을 기록으로 확인하고, 기준에 맞춰 나누고, 재사용 가능한 형태로 남길 때 공부가 삶과 일에 붙는다.

오늘의 생각 | 오늘 필사를 하면서 느낀 점이나 떠오른 생각을 적어보세요.

스물. 여유당전서 제2집 제16권, 『논어고금주(論語古今註)』 「자장(子張)」

자하가 말하였다. 벼슬에 여유가 있으면 배우고,
배움에 여유가 있으면 벼슬하라.
주자가 말하였다. 여유란 남는 힘이 있다는 뜻이다.
이에 보태어 말한다. 배움은 벼슬의 바탕이고,
벼슬은 배움에 의지하니, 그러므로 둘은 서로 번갈아야 한다.

子夏曰, 仕而優則學, 學而優則仕。
자하왈, 사이우즉학, 학이우즉사.

朱子曰, 優, 有餘力。
주자왈, 우, 유여력.

補曰, 學所以仕, 仕資於學, 故得相間。
보왈, 학소이사, 사자어학, 고득상간.

다산에게 앎이란 배우는 것에서 그치지 않고, 반드시 적용하는 것으로 이어져야 했다. 배움과 적용은 그의 학문을 떠받치는 두 개의 기둥이었다. 먼저 배움은 적용의 방향과 근거를 제시한다. 무엇을, 왜 해야 하는지 알지 못하는 상태의 적용은 맹목적인 몸부림에 그치기 쉽다. 벼슬길에 오르기 전 반드시 배움에 힘써야 하는 이유다. 다음으로 적용은 배움을 완성하는 과정이었다. 현실에서 부딪히고 시험해보지 않은 지식은 살아있는 지혜가 될 수 없다고 그는 믿었다. 벼슬을 하는 동안에도 배움을 멈추지 말아야 하는 까닭이다. 배우고 익힌 것을 현실에 적용해보고, 그 적용의 과정에서 생긴 새로운 물음을 다시 배움으로 풀어내는 것. 이 끝없는 순환의 과정이야말로, 다산이 평생을 통해 추구했던 참된 학자의 길이요, 목민관의 도리였다.

오늘의 생각 | 오늘 필사를 하면서 느낀 점이나 떠오른 생각을 적어보세요.

제2부 사실에 입각해 진리를 구하다

實事求是

실사구시

| 하나. | 여유당전서 제1집 제10권, 『시문집(文集)』 설(說) 「기중도설(起重圖說)」 |

지금의 방법으로 도르래 한 벌만 사용하면,
50근의 힘으로 100근의 무게를 들어 올릴 수 있으니,
이는 힘의 절반으로 온전한 무게를 감당한다는 뜻이다.
만약 도르래 두 벌을 사용하면,
25근의 힘으로 100근의 무게를 들어 올릴 수 있으니,
이는 힘의 4분의 1로 온전한 무게를 감당한다는 뜻이다.

今法止用一具滑車,
금법지용일구활차,

則能以五十斤之力, 起一百斤之重,
칙능이오십근지력, 기일백근지중,

此以力之半, 抵重之全也。
차이력지반, 저중지전야.

若用二具滑車,
약용이구활차,

則能以二十五斤之力, 起一百斤之重,
칙능이이십오근지력, 기일백근지중,

此以力之四分之一, 抵重之全也。
차이력지사분지일, 저중지전야.

다산은 도르래의 예로 원리에 기반하여 측정하고, 그것을 일반화하는 순서를 또렷이 보여 준다. 논증의 초점이 이론이 아니라 측정 가능한 값에 놓여 있다는 점이 핵심이다. 힘과 무게의 정량적 관계를 계산으로 확인하며, 그 계산은 곧 설계와 운용의 규범이 된다. 말하자면 이 구절은 실사(實事, 명확히 규정된 실제 사실)에서 출발하여 시(是, 옳음)에 이르는 순서를 스스로 보여 준 사례다. 이 대목은 다산의 학문이 문헌 고증을 포함해 계량을 통한 검증이라는 근대적 방법의 문턱에 서 있었음을 드러낸다.

오늘의 생각 | 오늘 필사를 하면서 느낀 점이나 떠오른 생각을 적어보세요.

둘. 여유당전서 제1집 제20권, 『시문집(詩文集)』 서(書)「답이여홍(答李汝弘)」

나는 배움과 따져 살피는 일은 진실함이 아니면 서지 못한다고 본다.
거짓이 한 점이라도 섞이면 진실이라 할 수 없다.
그래서 나는 경전과 주석을 공부할 때 오직 옳은 것만을 찾고,
옳은 것만을 따르고, 옳은 것만을 붙든다.
무엇을 취해 지킬지 고를 때마다 두루 찾아 넓게 증거를 모으고, 정성을 다해 깊이 파고든다. 마음은 빈 거울처럼 맑게 하고 저울처럼 수평을 지킨다.
뜻을 가리는 일은 송사를 재판하듯 엄정하게 하고,
그런 뒤에야 비로소 내 견해를 세운다.
어찌 그럴듯해 보이는 얕은 견해를 남의 소리에 휩쓸려 되받아 외치는 식으로 큰 공론을 거스르겠는가.

竊以學問思辨之功, 非誠不立, 一有詐僞, 不可曰誠.
절이학문사변지공, 비성불립, 일유사위, 불가왈성.
故鏞於經傳之業, 惟是是求, 惟是是從, 惟是是執.
고용어경전지업, 유시시구, 유시시종, 유시시집.
方其擇執之時, 未嘗不博考廣證, 硏精殫智, 持其心如鑑空衡平
방기택집지시, 미상불박고광증, 연정탄지, 지기심여감공형평,
核其義如斷訟治獄, 然後乃敢立說.
핵기의여단송치옥, 연후내감립설.
豈敢以疑似之見, 同聲吠影, 以違大同之論哉.
기감이의사지견, 동성폐영, 이위대동지론재.

다산은 옳고 그름을 정할 때에는 넓게 조사하고 증거를 모아 사실을 확인해야 한다고 말한다. 마음을 빈 거울과 평평한 저울에 비유해 편견과 치우침을 경계한다. 결론을 세울 때에는 재판하듯 사실과 근거로 따져 본 뒤에야 말해야 한다고 한다. 남이 하는 말에 휩쓸려 메아리치듯 따라가는 태도를 꾸짖고, 공정한 큰 논의에 합류할 것을 요구한다. 이 글은 이여홍에게 보낸 편지에서 발췌된 대목으로, 다산이 경전 해석과 학술 논쟁에서 취한 방법론을 압축해 보여 준다.

오늘의 생각 | 오늘 필사를 하면서 느낀 점이나 떠오른 생각을 적어보세요.

셋.   여유당전서 제2집 제7권, 『논어고금주(論語古今註)』「태백」

배우는 것이란 무엇인가? 배우는 것이란 깨닫는 일이다.
그 깨달음이란 무엇인가? 그릇됨을 알아차리는 일이다.
그 그릇됨을 어떻게 깨닫는가. 바른 말을 통해 분별하여 깨닫는다.
먼 곳에 사는 이들은 글을 배우는 일을 대개 전해 들은 말에 의지하니 오류와 와전이 많다. 그래서 이런 말을 한 것이다.

學者何？學也者, 覺也。
학 자 하? 학 야 자, 각 야.

覺者何？覺也者, 覺其非也。
각 자 하? 각 야 자, 각 기 비 야.

覺其非奈何？於雅言覺之爾。
각 기 비 내 하? 어 아 언 각 지 이.

處遐遠者, 學文皆傳聞耳,
처 하 원 자, 학 문 개 전 문 이,

多訛舛, 故有是言也。
다 와 천, 고 유 시 언 야.

배움에서는 오류를 바로잡는 관점을 늘 고려해야 한다. 다산은 떠도는 말과 기록을 그대로 두지 않고, 근거를 맞대어 확인하며 교정하는 절차를 공부에 포함한다. 전해 내려온 자료에는 왜곡이 섞일 수 있으므로, 개념(생각의 틀)과 용어(쓰는 말)를 먼저 분명히 하고, 사실 검증과 교차 인용으로 내용을 바로잡아야 한다.

오늘의 생각 | 오늘 필사를 하면서 느낀 점이나 떠오른 생각을 적어보세요.

넷. 여유당전서 제5집 제16권, 『정법집(政法集)』 「목민심서(牧民心書)」

송사를 잘 듣는 자는 먼저 사실관계를 살펴야 한다.
사실을 살피려면 우선 말의 뜻을 분명히 해야 한다.
사실이 바르면 말도 바르다. 사실이 굽으면 말도 굽다.
말을 억세게 바로 세워 꾸몄더라도 사실이 스스로 모순되면 캐물어라. 그러면 참과 거짓이 드러난다.

善聽訟者, 必先察其情
선 청 송 자, 필 선 찰 기 정

欲察其情, 必先審其辭。
욕 찰 기 정, 필 선 심 기 사.

其情直, 其辭直。其情曲, 其辭曲。
기 정 직, 기 사 직, 기 정 곡, 기 사 곡.

政之強直其辭, 而其情則必自相矛盾,
정 지 강 직 기 사, 이 기 정 즉 필 자 상 모 순,

從而詰之, 誠僞見矣。
종 이 힐 지, 성 위 현 의.

다산은 사실과 말, 그리고 모순 점검을 통한 세 단계의 검증 단계를 제시한다. 첫째, 사실(情)을 정리하고, 둘째, 말과 용어(辭)를 분명히 하며, 셋째, 앞뒤가 맞지 않는 지점을 집요하게 캐묻는 절차로 진실에 접근한다. 중요한 것은 검증 가능한 사실에 근거해 결론을 세우는 일이다.

오늘의 생각 | 오늘 필사를 하면서 느낀 점이나 떠오른 생각을 적어보세요.

| 다섯. | 여유당전서 제1집 제8권, 『시문집(詩文集)』 대책(對策) 「지리책(地理策)」 |

먼 것을 일삼고 가까운 것을 소홀히 함은 예나 이제나 흔한 병통인데 우리 동방에서 특히 심하다. 영토 밖의 기이함을 캐고 신이한 것을 찾으며 끝내 알 수 없는 이치를 캐려 하기보다는 영토 안의 가까운 곳에서 사실을 살피고 반드시 밝혀야 할 일을 밝히는 것이 어떠한가.

務遠忽近, 古今之通患, 惟我東爲甚。
무 원 홀 근, 고 금 지 통 환, 유 아 동 위 심.

與其探奇搜神於方域之外, 欲窮其不可窮之理,
여 기 탐 기 수 신 어 방 역 지 외, 욕 궁 기 불 가 궁 지 리,

曷若察邇覈實於方域之內,
갈 약 찰 이 핵 실 어 방 역 지 내,

以明其不可不明之事哉？
이 명 기 불 가 불 명 지 사 재?

다산은 멀고 큰 이론이나 신비한 이야기보다, 지금 이곳에서 확인 가능한 사실을 먼저 살핀다. 전승된 말과 풍설에는 왜곡이 끼기 쉬우므로, 실제 토지와 기록, 측량과 행정 자료처럼 검토 가능한 증거부터 대조하고 확인한다. 가까운 자리에서 사실을 정확히 세운 뒤에 판단을 넓히는 순서를 의식적으로 지킨다.

오늘의 생각 | 오늘 필사를 하면서 느낀 점이나 떠오른 생각을 적어보세요.

| 여섯. | 여유당전서 제5집 제16권, 『정법집(政法集)』「목민심서(牧民心書)」|

백성에게 반포하는 문서는, 한 글자 한 구절도,
함부로 손 가는 대로 써서는 안 된다.
아래에 적어 둔 여섯 범주, 서른여섯 조항을 반드시 대조해 보라. 여섯에 여섯을 맞춰 모두 서른여섯이다. 조항마다 하나하나 살펴, 그 안에 털끝만큼의 꿍꿍이나 거짓이 숨어 있지 않음을 분명히 알아야 한다. 그런 뒤에야 비로소 공문을 만들어도 된다. 그중 혹 의심스러운 것이 있으면, 아랫사람에게 묻기를 부끄러워하지 말고, 수장과 해당 아전을 불러, 자세히 따져 묻고 확인하여, 사건의 처음과 끝을 분명히 안 뒤에야, 비로소 문서를 완성하라.

民間發令者。一字半句。不可信手成帖。
민간발령자. 일자반구. 불가신수성첩.
須考下文六典三十六條。六六三十六。
수고하문육전삼십육조. 육육삼십육.
一一查檢。明知其無一毫奸僞伏於其中。
일일사검. 명지기무일호간위복어기중.
然後乃可成帖。其或可疑者。勿恥下問。
연후내가성첩. 기혹가의자. 물치하문.
召首吏該吏。委曲探訪。明知本末。然後乃可成帖。
소수리해리. 위곡채방. 명지본말. 연후내가성첩.

다산에게 공문서란 백성을 이롭게 하는 도구이자, 잘못 쓰면 백성을 해치는 무기가 될 수도 있는 양날의 검과 같았다. 그는 문서 속에 숨어들 수 있는 털끝만큼의 공갈이나 거짓이 곧 백성의 고통임을 알았다. 이를 막기 위해 제시한 것이 바로 법규의 모든 조항을 하나하나 대조하여 사실 관계를 확립하는 실사구시의 과정이다. 이는 백성을 다스리는 모든 행정이 반드시 명확한 근거 위에서 이루어져야 한다는 다산의 핵심 철학을 보여준다. 나아가 의심스러운 점이 있으면 아랫사람에게 묻기를 주저하지 말라는 가르침은, 공직자의 가장 큰 덕목이 자신의 권위가 아닌 백성을 향한 책임감임을 일깨운다. 진실을 위해 기꺼이 자신을 낮추는 이 수신의 자세야말로 공정한 행정의 마지막 보루인 것이다.

오늘의 생각 | 오늘 필사를 하면서 느낀 점이나 떠오른 생각을 적어보세요.

| 일곱. | 여유당전서 제1집 제8권, 『시문집(詩文集)』 대책(對策) 「지리책(地理策)」 |

신은 간략히 조목을 나누고 규범을 세우며,
사실의 근거를 자세히 제시하여
숨김없이 드러내어 조목조목 논하겠습니다.

臣請略科規詳實據,
신 청 약 과 규 상 실 거,

披瀝而條論之。
피 력 이 조 론 지.

다산은 결론을 선언하기에 앞서 방법의 규범을 먼저 제시한다. 판단(是)은 항목화된 체계와 검증된 사실의 근거 위에서만 성립한다. 또한 숨김없이 드러내어 조목조목 논한다는 말은 자료와 추론 과정을 투명하게 공개해 논증하겠다는 약속으로, 실사(實事)에서 출발해 구조화와 공개적인 검증을 거쳐 시비의 단정(是)에 이르는 그의 연구 윤리를 압축한다.

오늘의 생각 | 오늘 필사를 하면서 느낀 점이나 떠오른 생각을 적어보세요.

여덟. 여유당전서 제1집 제8권, 『시문집(詩文集)』 대책(對策) 「지리책(地理策)」

이제 마땅히 명을 내려
학식과 재능을 갖춘 이에게 한 권의 책을 엮게 하소서.
강역의 경계를 털끝만큼까지 밝혀 구분하고,
고금의 제도 변천에 대한 사실을 자세히 적게 하소서.
산은 그 맥을 기록하고 물은 그 근원과 갈래를 구별하며,
옛일 가운데 전쟁과 정복과 공수의 자취는 두루 실어야 합니다.
효성과 절의 같은 인물 기사는 대강 덜어내어 줄이고, 제목을 붙여 읊
은 시들은 백 편을 없애고 한 편만 남길 정도로 규정을 엄격히 하소서.

今宜別降明旨纂成一書,
금의별강명지찬성일서,
疆域彼此之分, 旌其絲髮。 沿革古今之制, 詳其事實。
강역피차지분, 정기사발. 연혁고금지제, 상기사실.
於山則紀其脈絡, 於水則別其源派。
어산즉기기맥락, 어수즉별기원파.
於古事則凡戰伐攻守之跡, 最宜該載。
어고사즉범전벌공수지적, 최의해재.
孝烈人物槩從刪略, 至於題詠之詩,
효열인물개종산략, 지어제영지시,
去百存一, 以嚴規例。
거백존일, 이엄규례.

이 대목은 다산이 지리 지식을 검증 가능한 사실과 구조(산맥, 수계, 연혁)로 재편하자는 원칙을 밝힌 곳이다. 경계의 미세한 구분, 제도의 변천을 사실로 기재, 산맥과 수계의 체계적인 기술, 사건의 객관적인 기록을 우선에 두고, 반대로 인물 미담과 시문은 과감히 삭제하라고 제안한다. 곧 자료의 선택 기준 자체를 실사(實事)로 세우는 편찬 설계이며, 지리 정보의 체계화를 예고했다.

오늘의 생각 | 오늘 필사를 하면서 느낀 점이나 떠오른 생각을 적어보세요.

| 아홉. | 여유당전서 제6집 제2권, 『지리집(地理集)』「강역고(疆域考)」|

이제 '출호수'라는 이름을 살펴보니,
고금의 명칭이 서로 달라졌다.
따라서 더는 확정하여 고증할 수 없다.

今按出虎水之名。
금 안 출 호 수 지 명.

古今互異。
고 금 호 이.

無可考。
무 가 고.

다산은 문헌 기록과 실제 지리 정보를 대조하면서, 근거가 충분하지 않으면 섣불리 판단을 내리지 않고 유보하는 태도를 견지했다. 지식의 한계를 인정하는 것은 그의 실사구시 방법의 핵심 중 하나로, 다양한 사서와 지리지의 기술을 교차검증(互證)하더라도 일치점이 없으면 단정(斷定)을 피하는 신중함에서 다산의 탐구 윤리가 드러난다.

오늘의 생각 | 오늘 필사를 하면서 느낀 점이나 떠오른 생각을 적어보세요.

열. 여유당전서 제3집 제1권, 『예집(禮集)』「상례사전(喪禮四箋)」

괴이하고 우회된 논의가 대중을 놀라게 하여 의심하게 한다.
예가 이로 말미암아 무너지고,
비루하고 경박한 풍속이 그 틈을 타고 스며든다.
처음부터 답습해 온 잘못을 바로잡지 않으면 구제할 수 없고,
옛 제도는 다시 회복할 수 없다.

詭異迂曲之論, 驚衆而使之疑,
궤이우곡지론, 경중이사지의,

禮由是廢, 而鄙俚儇薄之俗, 得以抵其隙。
예유시폐, 이비리현박지속, 득이저기극.

于厥初, 不匡沿襲之誤, 不可救而古不可復。
우궐초, 불광연습지오, 불가구이고불가복.

다산은 논의의 모양이 그럴듯해도 사실과 맞지 않으면 제도는 무너진다고 본다. 그래서 전통의 말과 절차를 그대로 따르지 말고 실제와 대조해 오류를 고쳐야 한다고 강조한다. 현장에서 생기는 정보와 사례를 모아 사실의 공백을 넓히는 억측과 유행을 걸러내고, 처음 설계할 때부터 검증과 교정을 구조에 넣어야 한다. 근거 없는 말이 커지기 전에 기록과 증거로 막고, 잘못된 관행은 초기에 바로잡는다. 사실에 비추어 진리를 구하려는 이 기본기가 흔들리면 어떤 원칙도 살아남지 못한다.

오늘의 생각 | 오늘 필사를 하면서 느낀 점이나 떠오른 생각을 적어보세요.

열하나. | 여유당전서 제1집 제14권, 『문집(文集)』 서(序) 「제강역고권단(題疆域考卷

동쪽의 일을 말하려면 반드시 동방의 역사서를 널리 살펴야 한다.
동방에 관한 것을 빠짐없이 찾아 거두고 서로 대조하여 통합하고
해마다 차례로 엮은 뒤에야 종합적으로 검증한 실마리가 생긴다.
다만 동쪽의 사서만을 근거로 글을 지으려 하면
사실의 빠짐과 연대의 어긋남이 있기 마련이니
이것은 동쪽의 일에 뜻을 두는 자가 마땅히 먼저 알아야 할 바다.

欲言東事者, 必博考中國之史, 凡屬於東方者,
욕언동사자, 필박고중국지사, 범속어동방자,

搜括不遺, 參伍會通, 按年編入, 然後方有綜核之實.
수괄불유, 참오회통, 안년편입, 연후방유종핵지실.

但據東史, 苟欲成篇, 未有不缺漏事實,
단거동사, 구욕성편, 미유불결루사실,

詿舛年代者, 此留意東事者, 所宜先知也。
괘천연대자, 차유의동사자, 소의선지야.

다산은 이 구절에서 사실에 근거해 진실에 이르는 길을 제시한다. 먼저, 한 쪽 기록에만 의존하지 말고 다양한 출처에서 자료를 넓게 모아 빠진 부분을 채우고, 이어서 같은 사건에 대한 여러 사료를 맞대어 어휘, 수치, 지명을 교차 확인하며, 마지막으로 연표를 만들어 앞뒤 흐름과 인과관계를 검토하라는 것이다. 이렇게 자료를 넓게 수집하고 서로 비추어 보며 시간의 순서대로 꿰어낼 때, 주장은 절로 절제되고 판단은 실제에 가까워진다.

오늘의 생각 | 오늘 필사를 하면서 느낀 점이나 떠오른 생각을 적어보세요.

열둘. 여유당전서 제5집 제30권, 『정법집(政法集)』「흠흠신서(欽欽新書)」

흠흠이란 무엇인가.
사람의 목숨이 걸린 형사는, 이를 제대로 다스리는 이가 드물다.
그러므로 경서와 역사에 근거하고, 평론으로 보좌하며,
공안과 판례로 증거를 삼고, 모두 함께 상의하여 정한 뒤,
그 결정을 옥사 처리에 맡기며,
억울함이 없게 하려는 것이 내 뜻이다.

欽欽者何也？
흠흠자하야?
人命之獄, 治者或寡,
인명지옥, 치자혹과,
本之以經史, 佐之以批議,
본지이경사, 좌지이비의,
證之以公案, 咸有商訂,
증지이공안, 함유상정,
以授獄理,
이수옥리,
冀其無冤枉, 鏞之志也。
익기무원왕, 용지지야.

다산은 『흠흠신서』 서두에서 사람의 생명을 최상의 가치로 내세우고, 판단의 근거를 경서와 역사, 비평, 판례로 이루어진 확인 가능한 사실 체계에 두자고 천명한다. 이는 상호 검증과 합의를 통해 오판을 줄이려는 절차적 실사구시의 선언이다. 지식, 비평, 사례의 삼각 구도를 통해 개별 사건을 교차 검증하자는 이 원리는, 다산의 학술 전반에 흐르는 사실에 입각해 진리를 구한다는 방법론의 핵심을 응축한다.

오늘의 생각 | 오늘 필사를 하면서 느낀 점이나 떠오른 생각을 적어보세요.

열셋 | 여유당전서 제1집 제8권,『시문집(詩文集)』대책(對策)「지리책(地理策)」

진실로 천하를 다스리는 자는,

집 한 채를 다스리는 것과 같다.

집 안 깊은 방과 굽은 통로까지,

분별하지 않을 수 없다.

마구간과 곳간과 부엌과 목욕실까지,

알지 않을 수 없다.

誠以御天下者,
성 이 어 천 하 자 ,

如御一家,
여 어 일 가 ,

堂奧宦窔,
당 오 환 요 ,

不可以不辨,
불 가 이 불 변 ,

廏庫庖湢,
구 고 포 벽 ,

不可以不識。
불 가 이 불 식 .

다산은 통치의 정당성이 구체적인 사실 지식에서 비롯된다고 보았다. 집 안 구석구석을 비유한 이 문장은 대상을 철저히 규정하는 것이 곧 정책 판단의 조건임을 드러낸다. 강역과 연혁, 물산과 도로 같은 구체적인 정보를 분별하고 인지하지 못하면 규범과 명령도 공허해진다. 실사와 구분과 인식의 순서를 거쳐야만 옳음이 성립한다는 그의 실사구시가 경세론의 논리로 정식화된 대목이다.

오늘의 생각 | 오늘 필사를 하면서 느낀 점이나 떠오른 생각을 적어보세요.

열넷 | 여유당전서 제1집 제8권, 『시문집(詩文集)』 대책(對策) 「지리책(地理策)」

더러 들으니,
별자리의 구획과, 대지에 실린 도상과 기록,
큰 산과 가지 산맥의 구분, 물이 발원하고 흘러드는 자리,
이 모든 것을 눈썹처럼 또렷이 늘어놓고,
손바닥 보이듯 그려 표로 밝혀 둔 다음에야,
토지의 적합함과 이해득실을 알 수 있으니,
백성을 넉넉하게 할 수 있고, 교화를 닦을 수 있다

且予聞之,
차 여 문 지,
星野所占, 坤輿所載,
성 야 소 점, 곤 여 소 재,
名山支山之分, 出水受水之所,
명 산 지 산 지 분, 출 수 수 수 지 소,
眉列掌示, 圖臚表識,
미 열 장 시, 도 려 표 식,
然後物土宜而知利害,
연 후 물 토 의 이 지 리 해,
可以厚生, 可以修教。
가 이 후 생, 가 이 수 교.

다산은 이치를 눈에 보이고 수치로 확인할 수 있는 방식으로 구체화해야 한다고 본다. 지도와 표, 분류처럼 가시적이고 정량적인 형태로 내용을 정리하는 작업이 필요하다는 것이다. 천문과 지리, 수계와 산맥 역시 구획하고 기록하며 분류하고 표지하는 절차를 거쳐야만, 국가 운영에 있어 이익과 손실을 제대로 가늠할 수 있다. 이러한 시각화와 체계화 과정을 거친 다음에야 비로소 적지를 가려내고, 백성의 삶에 실질적인 도움이 되는 교화 정책을 현실에 맞게 실행할 수 있다는 인식이 그의 저변에 깔려 있었다.

오늘의 생각 | 오늘 필사를 하면서 느낀 점이나 떠오른 생각을 적어보세요.

| 열다섯. | 여유당전서 제1집 제8권, 『시문집(詩文集)』 대책(對策) 「지리책(地理策)」 |

이제 지리만은 그렇지 않다.
반 걸음만 떨어져도 발이 미칠 수 없고,
아득히 우거진 곳 너머는 눈이 닿을 수 없다.
그 사이에 어찌 영토 경계와 풍파와 험준한 장애의 근심이 없겠는가.
그러니 비록 두루 살펴 그 형세를 완전히 알고자 하더라도
그러할 방도가 없다.

今地理則不然。
금 지 리 즉 불 연.

跬步之外，非足履所到。
규 보 지 외, 비 족 리 소 도.

莽蒼之外，非目眡所及。
망 창 지 외, 비 목 시 소 급.

其間又豈無方域限界風濤險阻之患哉？
기 간 우 기 무 방 역 한 계 풍 도 험 조 지 환 재?

則雖欲歷覽而周知其勢，無繇也。
즉 수 욕 력 람 이 주 지 기 세, 무 유 야.

다산은 관측의 한계를 인정한다. 발과 눈이 닿지 못하는 곳이 널려 있으니, 추측이나 권위에 의존하지 말고 도달 가능한 실사(實事)를 모아야 한다는 뜻을 견지한다. 자연의 제약을 전제로 삼는 이 문장은 서술이 반드시 접근과 측량과 교차 검증을 거쳐야 함을 웅변한다. 결국 검증 가능한 사실의 영역을 엄격히 설정하고 그 범위 안에서만 판단을 내리는 것이 중요하다.

오늘의 생각 | 오늘 필사를 하면서 느낀 점이나 떠오른 생각을 적어보세요.

열여섯. 여유당전서 제5집 제16권, 『정법집(政法集)』「목민심서(牧民心書)」

오늘날 수령 노릇을 하는 자들이
백성의 소장 끝에 입지 두 글자만 보이면 사실 여부를 묻지 않고
죄다 승인해 버리니 허술함이 매우 심하다.
큰 고을에 문서가 구름과 산처럼 쌓일 때 그것을 한 건 한 건 모두
자세히 심사하려들면 도리어 절차에 매여 버려 아전과 백성이 의심
스럽다 하며 눈치를 보게 되니 이것 또한 좋은 길이 아니다.
흘러가는 업무에서 문서 한 장에 숨겨진 속임과 거짓을 밝혀내는
자가 곧 훌륭한 수령이다.

今之爲牧者。但見民狀之末有立旨二字。
금 지 위 목 자. 단 견 민 상 지 말 유 립 지 이 자.
不問虛實。一槪題準。疎脫甚矣。
불 문 허 실. 일 개 제 준. 소 탈 심 의.
余謂大邑訴牒。雲委山積。必欲一一詳審。
여 위 대 읍 소 첩. 운 위 산 적. 필 욕 일 일 상 심.
反成拘牽。吏民目之以狐疑。亦未爲善。
반 성 구 견. 이 민 목 지 이 호 의. 역 미 위 선.
能於行雲流水中。時拈一張。
능 어 행 운 류 수 중. 시 념 일 장.
發其奸僞。斯良牧也。
발 기 간 위. 사 양 목 야.

입지는 관청이 사실 확인이나 허가의 뜻을 적어 넣는 표시를 가리킨다. 다
산은 무분별한 일괄적인 승인 관행을 꾸짖고, 전건 심사식의 경직성도 경
계한다. 흐름을 막지 않으면서도 수시로 표본을 집어 정밀 검증을 통해 거
짓을 드러내는 운용 방식이 중요하다. 이는 행정의 신속과 진실 규명의 균
형을 세우려는 통치 원칙이다.

오늘의 생각 | 오늘 필사를 하면서 느낀 점이나 떠오른 생각을 적어보세요.

| 열일곱 | 여유당전서 제5집 제16권, 『정법집(政法集)』「목민심서(牧民心書)」 |

모든 다툼이 있을 때,
급히 달려와 호소하는 자에 대하여는
쉽게 기울어 믿지 말고,
응답은 느긋하게 하며,
천천히 사실을 살펴라.

凡有訴訟
범 유 소 송,

其急疾奔告者
기 급 질 분 고 자,

不可傾信
불 가 경 신,

應之以緩
응 지 이 완,

徐察其實。
서 찰 기 실.

다산은 재판과 수사의 첫 단계에서 흥분과 속도에 휘말리지 말 것을 경계한다. 급히 고해 오는 말에는 과장이 섞이기 쉽다. 그래서 먼저 믿지 않고 시간을 두어 열기를 식히고, 그 사이에 사실과 정황을 가라앉혀 본다. 여기서 핵심은 두 가지다. 하나는 느긋하게 응대하여 감정의 정도를 낮추는 것이고, 다른 하나는 실증을 세워 천천히 따져 보는 심리다.

오늘의 생각 | 오늘 필사를 하면서 느낀 점이나 떠오른 생각을 적어보세요.

열여덟. 여유당전서 제5집 제30권, 『정법집(政法集)』「흠흠신서(欽欽新書)」

진술을 검증하는 요체는 그 사실을 밝혀 내는 데 있다.
자백은 사람은 굴복시킬 수 있어도 사실은 굴복시키지 못한다.
형구로도 사람은 압박할 수 있어도 사실은 압박할 수 없다.
반드시 증거를 근거로 삼아 사실이 서로 맞아떨어진 뒤에 판결하라.

凡驗詞之要, 貴在覈其情實。
범 험 사 지 요, 귀 재 핵 기 정 실.

供可屈, 而情不可屈。
공 가 굴, 이 정 불 가 굴.

刑可迫, 而實不可迫。
형 가 박, 이 실 불 가 박.

必以證據爲據, 以事實相合而後決。
필 이 증 거 위 거, 이 사 실 상 합 이 후 결.

다산은 판단의 근거를 명확한 증거와 사실에 두었다. 말은 왜곡될 수 있지만, 사실은 쉽게 흔들리지 않으며, 절차 역시 그에 맞춰 정리된다. 주장과 증거를 분리해 기록하고, 서로 대조해 일치 여부를 확인하며, 그 일치가 확인되기 전에는 결론을 서두르지 않는 태도는 다산이 생각한 정의 실현 방식의 근거가 된다. 강압에서 나온 말이 아니라, 구체적 사실과 실증 가능한 증거에 근거한 판단을 통해서만 공정한 질서를 세울 수 있다고 본 것이다. 그래서 다산은 법과 행정 역시 감정이나 권위가 아닌, 실증과 논리에 바탕해야 한다고 보았다.

오늘의 생각 | 오늘 필사를 하면서 느낀 점이나 떠오른 생각을 적어보세요.

열아홉. 　여유당전서 제1집 제8권, 『시문집(詩文集)』 대책(對策) 「지리책(地理策)」

거령이 손으로 화산을 쪼갰다 하거나, 공공이 분노하여 부주산을 들이받았다 하거나, 그런 일들은 기괴한 이야기일 뿐이다.
하백이 우에게 하도를 주었다 하거나, 경신년에 무지기를 사슬로 묶었다는 말도, 그 설은 황당무계하다.
그런데도 이런 설이 기록에 전해지는 것은, 어찌된 일인가.

巨靈之手劈華山, 共工之怒觸不周, 其事弔詭,
거 령 지 수 벽 화 산, 　공 공 지 노 촉 부 주, 　기 사 조 궤,

河伯之授禹河圖, 庚辰之鎖無支祈, 其說荒唐,
하 백 지 수 우 하 도, 　경 신 지 쇄 무 지 기, 　기 설 황 당,

而尙傳於載記, 何歟?
이 상 전 어 재 기, 　하 여?

다산은 역사를 해석함에 있어 신화적 전승은 과감히 배제하고, 검증 가능한 사실만을 지식의 토대로 삼아야 한다고 본다. 아무리 권위 있는 기록이라도 근거가 없으면 받아들일 수 없다는 태도는 거령, 공공, 하백의 일화를 비판적으로 다룬 대목에서 드러난다. 그는 전통이나 권위를 무비판적으로 따르기보다, 문헌과 현장을 함께 검토해 판단해야 한다는 점을 피력했다.

오늘의 생각 | 오늘 필사를 하면서 느낀 점이나 떠오른 생각을 적어보세요.

| 스물 | 여유당전서 제3집 제24권, 『예집(禮集)』「풍수집의(風水集議)」

풍수라는 말을 세상 사람들이 지나치게 믿는다. 덕과 의를 닦지 않고 무당에게 복을 구한다. 풍속이 이미 굳어 사람들의 미혹을 일깨우기 어렵다. 이에 옛사람들의 이름난 논설을 모았다. 서로 다른 견해를 함께 두어 옳고 그름이 드러나게 했다. 내 소견도 조금 덧붙여 어두운 대목을 밝히고자 했다. 선을 즐기고 이치를 밝히려는 이가 이 글을 읽고 헛됨을 깨닫길 바란다. 그로써 휩쓰는 물결 같은 풍조를 가라앉히는 데 도움이 되길 바란다. 차라리 믿지 않게 되는 편이 더 낫다.

風水之說, 世多崇信, 不修德義,
풍수지설, 세다숭신, 불수덕의,

求福於葬巫, 習俗已錮, 無以曉惑。
구복어장무, 습속이고, 무이효혹.

玆輯古人名論, 甲乙竝存, 得失以顯,
자집고인명론, 갑을병존, 득실이현,

間附瞽說, 以章其晦。
간부고설, 이장기회.

庶乎樂善明理者, 卽書悟妄, 因有以殺其濤瀾歟。
서호낙선명리자, 즉서오망, 인유이살기도란여.

寧適勿信, 不以罪我, 又幸矣。
녕적물신, 불이죄아, 우행의.

다산은 헛된 미신이 백성의 삶을 어지럽히는 것을 우려했다. 그는 풍수지리가 덕과 의를 닦는 인간의 노력을 하찮게 만들고, 복을 구하는 길을 무당에게 의존하게 만드는 그릇된 가르침이라고 보았다. 이러한 미혹을 깨뜨리기 위해 그가 택한 방법은, 옛사람들의 다양한 논설을 한데 모아 서로 비교하게 하여, 독자 스스로 무엇이 옳고 그른지 사실 관계를 따져보는 것이었다. 이것이 증거에 기반한 이성적인 판단을 이끌어 내려는 다산의 실사구시 정신이다. 다산이 이처럼 이치를 밝히려는 까닭은, 사람들이 허황된 믿음에서 벗어나 자신의 삶을 바로 세우는 일에 힘쓰게 하기 위함이었다.

오늘의 생각 | 오늘 필사를 하면서 느낀 점이나 떠오른 생각을 적어보세요.

제3부 스스로 성찰하여 허물을 발견하다

反求諸己

반구제기

| 하나. | 여유당전서 제1집 제13권, 『문집(文集)』 기(記) 「여유당기(與猶堂記)」 |

내 결함은 내가 안다. 용맹하되 계책이 없고,
선을 좋아하되 가려서 취할 줄을 모르고,
감정에 이끌려 곧장 행동하고, 의심도 두려움도 없다.

余病余自知之。勇而無謀,
여병여자지지. 용이무모,

樂善而不知擇,
낙선이부지택,

任情直行, 弗疑弗懼。
임정직행, 불의불구.

다산은 잘못의 원인을 타인보다 자신에게서 먼저 찾는 태도를 일관되게 지닌다. 기질의 약점을 먼저 짚고, 책임을 바깥이 아닌 내면으로 되돌리는 이 문장은 실사구시의 바탕에 자기 성찰이 놓여 있음을 말해 준다. 남이나 환경을 탓하기에 앞서 마음의 부족함을 들여다보면, 판단은 한층 신중해지고 흩어진 마음도 가라앉는다. 이렇게 허물을 자신에게서 찾는 습관은 선택과 말과 행동을 조율하는 내면의 기준이 된다.

오늘의 생각 | 오늘 필사를 하면서 느낀 점이나 떠오른 생각을 적어보세요.

| 둘. | 여유당전서 제1집 제18권, 『문집(文集)』 가계(家誡) 「시학연가계(示學淵家誡)」 |

사람을 볼 때는 먼저 그 사람의 내면을 살핀다.
옳지 않은 곳이 눈에 띄면 곧 시선을 거두어
스스로를 비추어 본다.
나에게도 그와 같은 병통이 있을까 두려워하며,
바로 깊이 고쳐 갈 힘을 들여야 한다.

觀人, 先察內行,
관 인, 선 찰 내 행,

若見其不是處, 卽宜回光反照,
약 견 기 불 시 처, 즉 의 회 광 반 조,

怕我亦有是病, 便當猛下功夫。
파 아 역 유 시 병, 편 당 맹 하 공 부.

다산은 타인의 결함을 발견한 순간을 자기 수양의 계기로 삼으라 말한다. 비판의 시선이 늘 밖을 향하면 교만이 싹트지만, 그 시선을 거두어 자신을 살피는 반조(返照)의 습관은 내면에 올곧은 잣대를 세워준다. '혹 내게도 그 병이 있지 않은가' 하는 두려움을 기점으로 즉각적인 수선에 들어가는 태도는, 허물을 남에게서 찾지 않고 자기 안에서 다스리는 학문의 윤리를 보여준다. 이러한 성찰이 거듭될수록, 판단은 더 이상 외부의 평가가 아닌 내면의 원칙에 뿌리내려 흔들림이 없어진다.

오늘의 생각 | 오늘 필사를 하면서 느낀 점이나 떠오른 생각을 적어보세요.

| 셋. | 여유당전서 제1집 제18권, 『문집(文集)』 가계(家誡) |

말로 짓는 허물은 삼가지 않을 수 없다.
온전한 독은 구멍 하나만 우연히 새어도 이미 깨진 독과 같고,
백 마디가 모두 믿을 만해도 한마디를 문득 거짓으로 하면
이미 사람 노릇을 잃은 자와 같다.
그러니 깊이 경계하라.

業不可不愼。
업불가불신.

全體皆完, 一孔偶滲,
전체개완, 일공우삼,

猶是破甕. 百言皆信, 一語偶謊,
유시파옹. 백언개신, 일어우황,

猶是鬼徒,
유시귀도,

汝等切戒之。
여등절계지.

다산은 남의 허물을 논하기에 앞서, 자신의 말부터 맑고 정직해야 한다고 강조한다. 다산은 한마디의 거짓이 쌓아온 신뢰를 무너뜨릴 수 있다는 점을 분명히 인식하고 있었다. 비판은 언제나 자기 점검에서 시작되어야 하며, 이처럼 말에 대한 엄격한 태도가 쌓일수록 판단은 더 정제되고, 시선은 자신에게로 향하게 된다.

오늘의 생각 | 오늘 필사를 하면서 느낀 점이나 떠오른 생각을 적어보세요.

넷. 여유당전서 제2집 제3권, 『경집(經集)』「중용자잠(中庸自箴)」

군자는 어두운 방에 홀로 있어도
두렵고 떨려 감히 악을 행하지 않는다.
허물은 모두 너에게서 비롯되니 어찌 남을 원망하겠는가?
네가 스스로 풀어 놓는다면, 그것이 곧 너의 덕이 아니겠는가.

君子處暗室之中, 戰戰慄慄, 不敢爲惡.
군 자 처 암 실 지 중, 전 전 률 률, 불 감 위 악.

咎皆由汝, 何可怨彼?
구 개 유 여, 하 가 원 피?

汝若釋然, 豈非汝德。
여 약 석 연, 기 비 여 덕.

다산은 남의 시선을 벗어난 때에도 스스로를 단속하는 태도, 곧 신독을 중요하게 여긴다. 보이지 않는 자리에서조차 마음을 경계하는 이유는, 잘잘못의 원인을 외부가 아니라 자신의 선택과 기울어진 마음에서 찾기 때문이다. 허물은 모두 자신에게서 비롯된다는 말은 비난을 앞세우기보다 먼저 자신의 내면을 살피라는 뜻으로 읽힌다. 겉으로 드러나지 않는 순간에 스스로를 지킬 수 있을 때, 드러난 판단 또한 쉽게 흔들리지 않는다.

오늘의 생각 | 오늘 필사를 하면서 느낀 점이나 떠오른 생각을 적어보세요.

다섯. 여유당전서 제1집 제18권, 『문집(文集)』 서간류 「답이계수(答李季受)」

내 기질은 성급하고,
평소 마음을 기르는 공부가 부족하니,
주자가 말한 성급하고 들뜬 기질이라 할 만하다.
이를 눌러 다스리기가 가장 어려워,
억지로 누르면 도리어 뒤틀려 막히고 만다.

鏞習性躁急,
용습성조급,

涵養無素,
함양무소,

朱夫子所稱太陽症。
주부자소칭태양증,

最難按住,
최난안주,

用力按住, 轉成蟠鬱。
용력안주, 전성반울

다산은 허물의 원인을 바깥에서 찾지 않는다. 먼저 성급하고 들뜬 기질을 인정했다. 또한 이를 억지로 다잡으려 하다 보면 오히려 마음이 더 굳고 뒤틀린다고 보았다. 다스리는 길은 누르는 힘이 아니라 기름처럼 스며드는 조율에 가깝다. 날마다 마음을 가라앉히며 들뜸의 뿌리를 약하게 만들고, 생각의 흐름을 고르게 하여 스스로 제자리를 찾도록 돕는다. 잘못의 이유를 자신 안에서 찾아 기록하고, 돌아보는 과정을 반복하며 천천히 바꿔 나간다. 성찰은 이처럼 자신의 결점을 살피고 조금씩 다듬어 가는 연습이다.

오늘의 생각 | 오늘 필사를 하면서 느낀 점이나 떠오른 생각을 적어보세요.

여섯. 여유당전서 제1집 제18권, 『시문집(詩文集)』 서(書) 「답금승지(答金承旨)」

허물은 스스로 빚은 것이고
비방은 밖에서 저절로 오는 것이 아니다.
끝내 스스로 반성하여
자기에게서 그 까닭을 찾는 뜻이 모자란 것이다.

咎由己成, 謗非外至。
구 유 기 성, 방 비 외 지.

終欠反省自尤之意。
종 흠 반 성 자 우 지 의.

다산은 논쟁이나 오해가 얽힌 상황에서도 원인을 바깥이 아닌 자기 안에서 찾는다. 중요한 것은 사건의 흐름을 감정이나 외부 형세가 아닌, 자신이 만든 인과의 결과로 바라보는 태도다. 그리고 그 인과를 자기 성찰로 이어가려는 노력이 뒤따른다. 잘잘못의 판단이 이처럼 내면을 향할 때, 책임은 분산되지 않고 자연스럽게 자신에게 모이게 된다.

오늘의 생각 | 오늘 필사를 하면서 느낀 점이나 떠오른 생각을 적어보세요.

일곱. 여유당전서 제1집 제22권, 『시문집(詩文集)』

예로부터 성인과 현자는 모두 잘못을 고치는 일을 귀히 여기며, 처음부터 잘못이 없던 이보다 더 낫다고까지 말했다. 왜 그런가. 사람의 마음은 잘못한 대목에서 부끄러움이 분노로 바뀌어 처음에는 꾸며 덮으려 하고 끝내는 어긋나 격해지기 쉽다. 그래서 잘못을 고치는 일이 처음부터 잘못이 없는 것보다 더 어렵다. 우리 또한 잘못이 있는 사람들이다. 지금 급히 힘써야 할 일은 오직 잘못을 고치는 일이다.

自古聖賢, 皆以改過爲貴,
자 고 성 현,　개 이 개 과 위 귀,

或至以爲却勝於初無過者, 此何以哉?
혹 지 이 위 각 승 어 초 무 과 자,　차 하 이 재?

蓋人情每於過差處, 羞變成怒, 始欲文飾,
개 인 정 매 어 과 차 처,　수 변 성 노,　시 욕 문 식,

終成乖激, 此所以改過之難於無過也。
종 성 괴 격,　차 소 이 개 과 지 난 어 무 과 야.

吾輩, 有過者也。當務之急, 惟改過二字也。
오 배,　유 과 자 야.　당 무 지 급,　유 개 과 이 자 야.

다산은 과오의 유무보다 더 중한 것은 고쳐 가는 과정의 유무이며, 그 과정이 곧 사람의 품격을 세운다고 본다. 그래서 판단이 흐트러질 때 먼저 '내가 무엇을 어떻게 고칠 것인가'를 묻는다. 이 태도가 자리 잡으면, 사건의 귀결은 훈련을 통한 개선으로 이어지고, 성찰은 실제의 변화로 이어진다.

오늘의 생각 | 오늘 필사를 하면서 느낀 점이나 떠오른 생각을 적어보세요.

| 여덟. | 여유당전서 제1집 제13권, 『시문집(詩文集)』 기(記) 「매심재기(每心齋記)」 |

성인은 근심과 환난을 당해도 하늘을 원망하지 않고 남을 탓하지 않는다. 오직 자신의 허물을 스스로 뉘우친다.

뉘우침이 마음을 기르는 것은 거름이 모를 북돋우는 것과 같다. 거름은 썩고 더러울지라도 북돋우면 좋은 곡식을 얻게 된다. 뉘우침은 죄와 허물에서 나오지만 그것으로 덕성을 길러 내니 그 이치는 하나다.

聖人之有憂患也, 不怨天, 不尤人, 惟過之自悔。
성인지유우환야, 불원천, 불유인, 유과지자회.

悔之養心, 如糞之壅苗。
회지양심, 여분지옹묘.

糞以腐穢, 而壅之爲嘉穀。
분이부예, 이옹지위가곡.

悔由罪過, 而養之爲德性, 其理一也。
회유죄과, 이양지위덕성, 기리일야.

다산은 원망과 책망을 외부로 흩뜨리지 말고, 자신의 과오를 자각하는 반복, 그가 매심(每心, 늘 마음에 새김)이라 부른 태도를 통해 마음을 단련하라고 권한다. 여기서 뉘우침은 덕성으로 전환되는 양분이다. 그러므로 허물을 만났을 때 물어야 할 대상도 바깥이 아니라 안쪽이다. 무엇이 내 안에서 빗나갔는가, 그 빗나감이 어떤 덕으로 바뀔 수 있는가. 이 물음이 습관이 될 때, 성찰은 성숙의 힘이 된다.

오늘의 생각 | 오늘 필사를 하면서 느낀 점이나 떠오른 생각을 적어보세요.

아홉. 여유당전서 제1집 제18권, 『시문집(詩文集)』 가계(家誡)

편지를 한 번 지을 때마다 반드시 두세 번 거듭 읽어 보아라.
그리고 속으로 말하기를,
"이 편지가 큰길에 떨어져 원수가 펼쳐 본다 해도, 내가 허물이 없겠는가?" 하라.
또 말하기를,
"이 종이가 수백 년 떠돌며 눈 밝은 이들에게 보여진다 해도, 내가 책망받을 데가 없겠는가?" 하라.
그런 뒤에야 비로소 봉하라. 이것이 군자의 신중함이다.
나는 젊을 적 글 쓰는 데 성급하여 이 경계를 자주 어겼는데,
중년에 화를 두려워하여 차차 이 법을 지키니 매우 유익하였다.
너는 이를 마음에 새겨라.

每作一書牘, 須再三看閱,
매작일서독, 수재삼간열,
祝曰「此紙落於康莊之衢, 使仇人開視, 我得無罪否?」
축왈 차지락어강장지구, 사구인개시, 아득무죄부?
又曰「此紙流傳數百年, 傳示許多具眼者, 我得無譏否?」
우왈 차지유전수백년, 전시허다구안자, 아득무기부?
然後方纔封緘, 此君子之愼也。
연후방재봉함, 차군자지신야.
余少時敏於書字, 多犯此戒, 中年畏禍,
여소시민어서자, 다범차계, 중년외화,
漸守此法, 甚有所益。
점수차법, 심유소익.
汝其銘心。
여기명심.

다산은 '원수가 보아도 허물이 없는가, 세월이 흘러도 비난받지 않는가'라는 두 질문으로 글, 곧 마음의 발화를 먼저 자기 쪽에서 심문하라고 한다. 이는 시간이 지나도 흔들리지 않는 자기 진술을 만드는 성찰의 기술이다. 말과 글을 이렇게 단단히 단속하는 태도는 삶 전체의 윤리로 번져, 하루의 행위와 결정을 스스로 점검하게 만든다.

오늘의 생각 | 오늘 필사를 하면서 느낀 점이나 떠오른 생각을 적어보세요.

열. 여유당전서 제1집 제18권, 『시문집(詩文集)』 가계(家誡)

이 뜻을 알거든,
학문을 깊게 파고드는 일은 잠시 늦추고 자기를 지키는 공부를 먼저 하라.
고요히 앉아 마음을 단련하여 쇠산처럼 우뚝하라.
사람을 대하고 사물을 만날 때에는 먼저 자신의 기색을 점검하여,
자기 역량이 제대로 서 있는지를 알아라.
그런 뒤에야 비로소 글짓기에 마음을 두라.
한 마디 한 글자라도 사람들이 아낄 만한 것이 될 것이다.
스스로를 지나치게 가볍게 보면, 흙이 땅에 내버려지듯 그만이고 만다.

汝等知此，姑緩鑽研之工，首務矜持之業，
여등지차, 고완찬연지공, 수무긍지지업,
習爲靜坐，如鐵山嶷然。
습위정좌, 여철산의연.
待人接物，先須檢點氣象，覺自己本領得立，
대인접물, 선수검점기상, 각자기본령득립,
然後漸當留意著述。
연후점당유의저술.
即片言只字，皆爲人所珍護也。
즉편언지자, 개위인소진호야.
若自視太輕，如土委地，斯亦已焉而已矣。
약자시태경, 여토위지, 사역이언이이의.

다산은 수양의 선후를 밖으로 말하기 전에, 먼저 안을 단단히 하는 것이 중요하다 말한다. 잘잘못을 덮어 두고 표현만 앞세우면 결국 자기 기준이 서지 않는다. 고요히 앉아 마음과 태도를 살피는 자기 점검이 먼저이고, 그 위에서야 말과 글, 곧 바깥으로 드러나는 판단이 설득력을 얻는다. 허물을 마주칠 때도 타인을 논하기 이전에 자신의 기색과 무게부터 비추라는 경계가 담겨 있다.

오늘의 생각 | 오늘 필사를 하면서 느낀 점이나 떠오른 생각을 적어보세요.

| 열하나 | 여유당전서 제1집 제13권, 『시문집(詩文集)』「수오재기(守吾齋記)」 |

누가 나의 책을 빼앗아 다 없앨 수 있겠는가

성현의 글이 세상에 퍼진 것은 물과 불과 같으니 누가 능히 없애랴

누가 나의 옷과 양식을 훔쳐 나를 곤궁하게 하겠는가

천하의 비단은 모두 내가 입을 옷이고

천하의 곡식은 모두 내가 먹을 양식이니

비록 한둘을 훔친다 해도 어찌 천하를 함께 말려 다 없애랴

有能攘吾之書籍而滅之乎
유 능 양 오 지 서 적 이 멸 지 호
聖經賢傳之布於世如水火然孰能滅之
성 경 현 전 지 포 어 세 여 수 화 연 숙 능 멸 지
有能竊吾之衣與吾之糧而使吾窘乎
유 능 절 오 지 의 여 오 지 량 이 사 오 곤 호
今夫天下之絲皆吾衣也
금 부 천 하 지 사 개 오 의 야
天下之粟皆吾食也
천 하 지 속 개 오 식 야
彼雖竊其一二 能兼天下而竭之乎
피 수 절 기 일 이 능 겸 천 하 이 갈 지 호

다산은 잃고 지킬 것을 명확하게 나눈다. 바깥 것은 빼앗겨도 본질은 사라지지 않고 가장 잃기 쉬운 것은 나 자신이니 당장의 말과 선택이 욕심에 끌려 자신을 떠나지 않았는지 살피며 스스로 성찰하라. 책과 옷과 곡식이 한두 개 줄어도 근본은 남지만 마음이 한 번 떠나면 모든 것이 흔들린다. 그러니 하루에 한 번 나를 지키는 기록을 남기고 내 마음이 어디로 달아났는지 확인하여 다시 제자리로 돌아오라.

오늘의 생각 | 오늘 필사를 하면서 느낀 점이나 떠오른 생각을 적어보세요.

열둘. 여유당전서 제1집 제13권, 『시문집(詩文集)』「수오재기(守吾齋記)」

그러므로 나를 굳게 지키고자 한다면
먼저 내가 나를 잃게 된 까닭이 무엇인지 알아야 한다.
잃은 바를 아는 뒤에야
비로소 나를 지키는 법을 세울 수 있다.

故欲固吾
고욕고오

先當知吾所以失吾者何也
선당지오소이실오자하야

知其所失
지기소실

然後可以立守吾之法。
연후가이립수오지법

다산은 마음을 흔든 계기를 하나하나 살펴 적는 습관을 남겼다. 자신이 잃어버린 것이 무엇인지 분명히 파악하고자 했던 것이다. 그래서 그날의 흐트러짐에 어떤 원인이 있었는지 기록하고, 그것을 줄일 수 있는 짧은 문장을 만들어 되풀이하곤 했다. 그렇게 하면서 마음은 조금씩 가라앉고, 일과 삶도 자연스럽게 정돈되어 갔다.

오늘의 생각 | 오늘 필사를 하면서 느낀 점이나 떠오른 생각을 적어보세요.

열셋

여유당전서 제1집 제13권, 『시문집(詩文集)』「수오재기(守吾齋記)」

마음이 아주 가까이 붙어 있는 듯해도
서로 등질 수 없을 것 같아도
잠깐만 살피지 않으면 가지 않는 데가 없다.
이익이 유혹하면 가고 위협이 겁주면 가며
한번 가면 돌아올 줄을 모르고 붙잡아도 되돌리기 어렵다.

雖密切親附
수 밀 절 친 부

若不能相背
약 불 능 상 배

而須臾不察 無所不適
이 수 유 불 찰 무 소 불 적

利祿誘之則往 威禍怵之則往
이 록 유 지 즉 왕 위 화 출 지 즉 왕

往則不知反 執之不能挽 。
왕 즉 불 지 반 집 지 불 능 만.

마음은 가까이 두고 살핀다 해도, 한순간만 놓치면 이익이나 두려움에 이끌려 벗어나기 쉽다. 한참 뒤에야 돌아보면 이미 마음은 굳어 되돌리기 어려워진다. 그래서 다산은 잠깐씩이라도 자신을 살피는 일을 끊지 않으려 했다. 유혹이나 두려움이 올라오는 그 순간을 알아차리고, 그 반응이 어디서 비롯됐는지 자신에게 물었다. 성찰은 그렇게 작은 순간들을 놓치지 않으려는 반복과 함께 이어진다.

오늘의 생각 | 오늘 필사를 하면서 느낀 점이나 떠오른 생각을 적어보세요.

| 열넷 | 여유당전서 제1집 제16권, 『시문집(詩文集)』「자찬묘지명(自撰墓誌銘)」 |

이에 잡무를 씻어 버리고
새벽과 밤마다 스스로 살피어,
하늘이 부여한 바의 본성으로 돌아가고자 하니,
이제부터 죽을 때까지
바라건대 어기지 않으리라.

遂滌除閑務,
수 척 제 한 무,

蚤夜省察,
조 야 성 찰,

以復乎天命之性,
이 복 호 천 명 지 성,

自今至死,
자 금 지 사,

庶弗畔矣。
서 불 반 의.

다산은 새벽과 밤마다 자신의 마음을 들여다보며 하루를 점검하곤 했다. 바쁜 일상에서도 스스로 정한 기준이 흐트러지지 않았는지 살피고, 그 기준을 놓치지 않으려 애썼다. 이렇게 정해 둔 규범을 날마다 확인하고 꾸준히 지켜 나가는 태도가, 그가 생각한 성찰의 한 방식이었다.

오늘의 생각 | 오늘 필사를 하면서 느낀 점이나 떠오른 생각을 적어보세요.

열다섯. 여유당전서 제2집 제7권, 『논어고금주論語古今註』「학이(學而)」

탕왕이 여섯 가지 일에 대하여 스스로를 탓하였다.
어찌 아직도 찌꺼기가 남아 있다고 하겠는가.
성인은 성찰을 멈춘 적이 없다.

然湯以六事自責,
연 탕 이 육 사 자 책 ,

豈亦査滓有未盡乎?
기 역 사 자 유 미 진 호 ?

聖人未嘗無省察也。
성 인 미 상 무 성 찰 야 .

가장 윗자리의 사람도 일을 그르친 원인을 밖에서 구하지 않았다. 그들은 사건이 꼬이면 우선 자신의 판단과 습관, 말과 행동의 흐름을 차례로 더듬어 보았다. 이때 핵심은 두 가지다.
첫째, 잘못의 원인을 구체적으로 지목한다. '누가 그랬다'가 아니라 '내가 언제 무엇을 어떻게 했는가'로 목록을 만든다.
둘째, 그 자리에서 고친다. 다음 기회로 미루지 않고 기준, 절차, 말투 같은 일상의 작은 요소부터 수정한다. 이렇게 하면 문제를 움직일 권한이 내 안에 있다는 뜻이 된다. 스스로를 먼저 점검하는 습관이 쌓이면, 같은 실수는 자연히 줄고 책임의 무게도 가벼워진다.

오늘의 생각 | 오늘 필사를 하면서 느낀 점이나 떠오른 생각을 적어보세요.

| 열여섯. | 여유당전서 제2집 제7권, 『논어고금주論語古今註』「자한(子罕)」|

사람이 잘못을 바로잡는데, 무엇을 두려워하겠는가?
고치기를 주저하면 그 마음이 아까워하는 것과 같다.
그러므로 말한다. 잘못을 고치되 주저하지 말라.

人於改過, 亦安有所畏乎?
인 어 개 과, 역 안 유 소 외 호?

憚改則其情似吝。
탄 개 즉 기 정 사 린.

故曰. 改過不吝。
고 왈 개 과 불 린.

다산은 허물의 책임을 내 쪽에서 바로잡는 결단을 요구한다. 변명과 지연은 잘못을 더 크고 단단하게 만든다. 일이 틀어지면 먼저 내 몫의 원인을 적고, 당장 바꿀 한 가지를 실행하라. 이렇게 반복해 고쳐 나가는 습관이 곧 삶을 다스리는 공부이다.

오늘의 생각 | 오늘 필사를 하면서 느낀 점이나 떠오른 생각을 적어보세요.

| 열일곱 | 여유당전서 제1집 제13권, 『시문집(詩文集)』 기(記) 「매심재기(每心齋記)」 |

작은 허물은 고치기만 하면, 잊어도 된다.

큰 허물은 고쳤다 하더라도, 하루도 그 뉘우침을 잊어서는 안 된다.

有小過焉, 苟改之, 雖忘之可也。
유 소 과 언, 구 개 지, 수 망 지 가 야.

有大過焉, 雖改之, 不可一日而忘其悔也。
유 대 과 언, 수 개 지, 불 가 일 일 이 망 기 회 야.

다산은 사소한 실수는 즉시 바로잡고 흘려보내되, 무게가 큰 잘못은 일정 기간 마음에 붙여 두어 그 굴레를 끊으라고 요구한다. 기록으로 원인과 재발 조건을 적시하고, 행동 규칙을 고쳐 실행하라. 이렇게 자기 쪽에서 원인을 찾고, 문제의 크기에 따라 다르게 고치는 습관 또한 성찰의 중요한 부분이다.

오늘의 생각 | 오늘 필사를 하면서 느낀 점이나 떠오른 생각을 적어보세요.

열여덟.

여유당전서 제2집 제6권, 『경집(經集)』「맹자요의(孟子要義)」

몸을 돌이켜 참되게 하는 것이 곧 충성이다.
내가 남에게 베풀고 행하는 바를 두고,
그 까닭을 먼저 내 안에서 구하면,
하나도 충실하지 않음이 없으니, 그 기쁨보다 큰 것이 없다.

反身而誠者, 忠也。
반신이성자, 충야.

我之所以施於人者, 反求諸己,
아지소이시오인자, 반구저기,

無一不忠, 則樂莫大焉。
무일부충, 즉락막대언.

남이나 일의 결과를 따지기 전에, 먼저 자신의 마음과 습관을 살펴보라는 가르침이다. 다산은 판단이나 지시, 평가처럼 누군가를 향하는 말 앞에서, 먼저 스스로를 점검하는 태도를 중요하게 여겼다. 일이 어긋났을 때 그 원인을 바깥에서 찾으면 반발만 남지만, 안에서 찾으면 손쓸 방향이 보인다. 오늘 내가 한 말이나 결정이 편의나 성급함, 허영에서 비롯된 건 아닌지 기록으로 확인하고, 비슷한 상황이 다시 왔을 때 어떻게 대응할지를 적어 둔다. 이런 점검이 이어지면 관계도 한결 부드러워지고, 같은 실수가 줄어들며, 일에도 조금씩 자신이 붙는다. 허물을 자신에게서 먼저 살피는 습관이 삶을 바로잡는 가장 안정된 방식이 된다는 것이다.

오늘의 생각 | 오늘 필사를 하면서 느낀 점이나 떠오른 생각을 적어보세요.

열아홉. 여유당전서 제2집 제3권, 『경집(經集)』「중용자잠(中庸自箴)」

시경에 이르기를

숨어 깊이 감추어져 있어도 매우 또렷이 드러난다 하였다.

이에 덧붙여 말한다.

숨어 있어도 또렷이 드러난다는 말은, 보잘것없이 미세한 것도 결국 드러난다는 뜻이다. 하늘의 이치는 미세하지만 드러난다.

그러므로 군자는 홀로 있을 때에도 스스로를 삼가고, 그렇게 삼가면 스스로를 돌이켜 보아도 거리낌이 없다."

詩云潛雖伏矣, 亦孔之昭。
시 운 잠 수 복 의, 역 공 지 소.

箴曰 潛雖伏矣, 亦孔之昭者, 微之顯也
잠 왈 잠 수 복 의, 역 공 지 소 자, 미 지 현 야.

天道微而顯, 故君子愼其獨。
천 도 미 이 현, 고 군 자 신 기 독.

愼其獨, 故內省不疚。
신 기 독, 고 내 성 불 구.

이 구절은 남이 보는가를 기준으로 마음을 느슨하게 두지 말라는 뜻이다. 눈길이 없을 때일수록 말과 행동을 되짚어 자신의 과오를 먼저 적시하라. 잘못의 단서를 밖에서 찾기보다, 내 판단, 습관, 지시, 점검의 오차를 차례로 되짚는 것이 중요하다. 결과를 바로잡는 일은 작게 시작하면 된다. 같은 상황이 다시 오면 취할 한 가지 행동을 적고 즉시 실행하라. 이런 점검과 수정이 쌓일수록, 허물의 화살은 자연히 안으로 돌아오고, 부끄러움 없는 마음가짐이 새로운 기준이 된다.

오늘의 생각 | 오늘 필사를 하면서 느낀 점이나 떠오른 생각을 적어보세요.

| 스물 | 여유당전서 제1집 제4권, 『시문집(詩文集)』 시(詩) 「기성잡시(鬐城雜詩)」

안개도 아니요, 구름도 아닌, 보리를 살찌우는 하늘.
작은 복숭아는 취한 듯, 버들은 잠든 듯하다.
느릿이 산 보러 나갈 뜻이 어찌 없겠는가.
다만 안으로 머물며 내 허물을 되새길 뿐이다.

非靄非雲養麥天,
비 애 비 운 양 맥 천,

小桃如醉柳如眠。
소 도 여 취 유 여 면.

緩豈無步看山意,
완 기 무 보 간 산 의,

只得深居念罪愆。
지 득 심 거 염 죄 건.

이는 마음이 들뜨는 날에도 발을 멈추고 스스로를 살피는 태도를 드러낸다. 기분과 형편이 좋아도 즐김보다 점검을 앞세우라는 것이다. 오늘의 말과 행동에서 찜찜했던 대목을 조용히 적고, 그 원인을 내 선택에서 찾고, 바로잡을 작은 약속 한 가지를 곧바로 정하라. 밖으로의 한 걸음보다, 안으로의 한 걸음이 먼저인 삶의 태도가 성찰을 습관으로 만든다.

오늘의 생각 | 오늘 필사를 하면서 느낀 점이나 떠오른 생각을 적어보세요.

제4부 몸소 실행해 큰 뜻을 이루다

知行兼進

지행겸진

| 하나. | 여유당전서 제5집 제16권, 『정법집(政法集)』「목민심서(牧民心書)」|

일마다 부딪칠 때마다 결코 선례만 좇아 처리하지 말고, 반드시 법도 안에서 형편에 맞게 변통할 길을 생각하여 백성을 편안하게 하고 이롭게 할 방도를 도모하라. 또 그 법도가 드러나게 이치에 맞지 않는다면, 마땅히 고쳐 바로잡아야 한다.

每遇一事。毋得循例施行。必於法度之內。
매 우 일 사. 무 득 순 례 시 행. 필 어 법 도 지 내.

思其便宜變通。以圖安民利民。
사 기 편 의 변 통. 이 도 안 민 리 민.

或其法度非國家典章。而顯不合理者。
혹 기 법 도 비 국 가 전 장. 이 현 불 합 리 자.

不可不釐革。
불 가 불 이 혁.

다산은 원칙을 법도 안에 두되, 그 틀 안에서는 상황에 따라 합리적인 조정을 허용한다. 기준 없이 임의로 바꾸는 일은 경계하면서도, 정해 둔 기준이 목적에 맞지 않거나 이치에 어긋난다면 마땅히 고쳐야 한다고 여긴 것이다. 먼저 넘지 않을 선과 우선순위를 분명히 정하고, 그 안에서는 방식을 유연하게 조정하되, 오래된 관행이 오히려 본래의 목적을 가리는 경우에는 바꾸는 것을 망설이지 않는 태도다. 다산에게 원칙은 단단하게 고정된 틀이라기 보다는 방향과 경계를 정하는 기준이고, 변통은 마음 가는 대로 바꾸는 변덕이 아니라, 목적을 살리기 위한 조율이다.

오늘의 생각 | 오늘 필사를 하면서 느낀 점이나 떠오른 생각을 적어보세요.

| 둘. | 여유당전서 제5집 제16권, 『정법집(政法集)』「목민심서(牧民心書)」 |

하루의 일은 아침에 달렸다.

오늘 결단해야 할 일이 무엇인지, 회답해야 할 공문이 무엇인지,

부세와 역역 중 처리할 것이 무엇인지, 구금된 누구를 석방해야 하는지를

일일이 살피고, 수시로 점검하며 서둘러 실행한다.

一日之事在寅, 今日有某事當決,
일일지사재인, 금일유모사당결,

某牒當報, 某賦某色當辨,
모첩당보, 모부모색당변,

禁繫某人當釋, 時時察之, 汲汲行之 。
금계모인당석, 시시찰지, 급급행지.

이 구절은 실행력을 높여 하루의 일을 효율적으로 운용하기 위한 방법을 설명한다. 아침에는 해야 할 일들을 정리하고, 각각의 사안에 어떤 근거가 있는지 확인한 뒤 우선순위를 정한다. 그날 안에 판단이 필요한 일은 오전 중에 결정하고, 답변이 필요한 공문은 가능한 한 빠르게 회신한다. 부세나 역역 관련 업무는 금액과 의무를 분명히 정해 집행하며, 석방 여부처럼 사람의 처분이 걸린 일은 관련 사실을 먼저 확인해 지체 없이 처리한다. 진행 중에는 여러 차례 점검해 빠진 부분이나 지연되는 항목이 없도록 하고, 저녁에는 그날 처리한 내용을 짧게 정리해 다음 날의 계획과 이어지게 한다. 이렇게 판단과 실행 사이의 거리를 줄여 가는 것이 이 구절의 핵심이다.

오늘의 생각 | 오늘 필사를 하면서 느낀 점이나 떠오른 생각을 적어보세요.

셋. 여유당전서 제1집 제11권, 『시문집(詩文集)』 논(論) 「기예론(技藝論)」

방법을 완전히 익혀 힘써 실행하면

나라가 부유해지고 군사가 강해지며 백성이 넉넉하고 오래 산다.

그러나 대개 익숙히 보기만 하고 도모하지 못한다.

苟盡得其法而力行之。
구 진 득 기 법 이 력 행 지.

則國可富也兵可強也民可裕而壽也。
즉 국 가 부 야 병 가 강 야 민 가 유 이 수 야.

方且熟視而莫之圖焉。
방 차 숙 시 이 막 지 도 언.

다산은 진리를 말로만 논하지 말고 손으로 확인하라고 밀어붙인다. 방법을 얻었으면 곧바로 작은 단위로 쪼개어 실행하고 결과를 숫자로 기록해 재현하라. 하루 한 동작, 하루 한 구절, 하루 한 실험을 기준으로 삼아 완결하는 습관을 들이면 학문과 일 모두에서 허언이 사라지고 실적이 쌓인다. 오늘 내 생활과 일에서 한 가지 기술, 한 가지 절차, 한 가지 습관을 정해 해법을 익히고 곧장 해보고 다시 고쳐보는 반복을 설계하라.

오늘의 생각 | 오늘 필사를 하면서 느낀 점이나 떠오른 생각을 적어보세요.

넷. 여유당전서 제1집 제18권, 『시문집(詩文集)』「위윤혜관증언(爲尹惠冠贈言)」

살림을 다스리는 요체는 두 어구를 가슴에 새김이니,

첫째는 부지런함, 둘째는 검소함이다.

하늘은 게으름을 미워하니 복을 주지 않는다.

하늘은 사치를 미워하니 도움을 내리지 않는다.

이익 되는 일은 한 순간도 멈추지 말고,

이익 없는 치장은 털끝만큼도 도모하지 말라.

治家之要, 有二字銘,
치 가 지 요, 유 이 자 명

一曰勤, 二曰儉。
일 왈 근, 이 왈 검

天厭懶怠, 必不予福。
천 염 나 태, 필 불 여 복

天厭奢泰, 必不降祐。
천 염 사 태, 필 불 강 우

有益之事, 一刻無停。
유 익 지 사, 일 각 무 정

無益之飾, 一毫無營。
무 익 지 식, 일 호 무 영

다산은 살림의 중심에 부지런함과 검소함을 놓는다. 그는 게으름과 사치를 복을 막고 도리를 흐리게 만드는 태도로 보았으며, 이익이 되는 일은 망설이지 않고 이어서 실행하고, 필요 없는 치장은 조금도 남기지 않으려 했다. 부지런함은 일을 미루지 않는 자세이고, 검소함은 쓰임을 본래의 목적에만 돌리는 절제다. 살림살이는 이 두 가지 태도가 함께 지켜질 때, 흐트러지지 않고 오래 지속될 수 있다.

오늘의 생각 | 오늘 필사를 하면서 느낀 점이나 떠오른 생각을 적어보세요.

다섯. 여유당전서 제1집 제18권, 『시문집(詩文集)』「위윤혜관증언(爲尹惠冠贈言)」

가난한 선비는 생업을 꾸릴 방도를 늘 걱정한다.
그러나 큰밭을 일구는 농사는 기력이 따라주지 못하고, 장사에 나서면 이름이 상하기 쉽다. 그래서 집 가까운 과수와 채마를 손수 가꾸어, 값나는 과일과 향기로운 채소를 심는다. 해마다 봄비가 막 갠 뒤에, 작은 삽과 긴 괭이를 들고, 메마르고 자갈 섞인 땅을 파고, 거친 풀을 매고, 고랑과 두둑을 가지런히 하며, 품종을 가려 씨를 뿌리고 모종을 심는다.

貧士慮營產業勢也。
빈 사 려 영 산 업 세 야.
然耕作力倦, 商販名敗。
연 경 작 력 권, 상 판 명 패.
唯手治園圃, 種珍果, 芳蔬,
유 수 치 원 포, 종 진 과, 방 소,
每春雨初霽, 持小鍤長鑱,
매 춘 우 초 제, 지 소 삽 장 참,
劚磽礫, 鋤蒿萊,
착 교 력, 서 호 래,
整溝畛, 別種類, 播之蒔。
정 구 진, 별 종 류, 파 지 시.

다산에게 실행력이란 냉철한 현실 분석에서 시작하여 구체적인 결과물로 완성되는, 살아있는 지혜였다. 가난한 선비는 먼저 자신의 한계를 명확히 아는 것으로 실행한다. 기력이 부족하여 큰 농사를 짓지 못하고, 이름이 중하여 장사에 나설 수 없다는 현실을 받아들이는 것, 이것이 바로 가장 뛰어난 실행력의 바탕이다. 그는 한탄에 머무르지 않고, 작은 삽과 괭이를 들고 땅으로 향한다. 메마른 땅을 파고, 잡초를 뽑아내며, 고랑과 두둑을 가지런히 정돈하는 구체적인 행위 하나하나가 그의 실행력을 증명한다. 생각은 더 이상 머릿속에 머물지 않고 손과 발을 통해 현실의 흙을 만진다. 결국 다산이 말하는 진정한 실행력이란, 이처럼 자신의 현실을 꿰뚫어 보는 지혜와, 그것을 묵묵히 땅에 구현해 내는 실천력이 결합된 것이다.

오늘의 생각 | 오늘 필사를 하면서 느낀 점이나 떠오른 생각을 적어보세요.

| 여섯. | 여유당전서 제2집 제3권, 『경집(經集)』「중용자잠(中庸自箴)」 |

덕이란 나의 곧은 마음을 행함이다.

행하지 않으면 덕이 없다.

효와 제와 충과 신 그리고 인의예지 이것들이 곧 덕이 된다.

몸소 행함에 이르지 못하면 어찌 덕이 있으랴.

이를 덕성이라 이름하는 까닭은 성정이 본래 선을 기뻐하기 때문이며

감응을 따라 드러나는 바가 모두 선한 마음이기 때문이다.

德者行吾之直心也。
덕 자 행 오 지 직 심 야

不行無德也。
불 행 무 덕 야

孝弟忠信仁義禮智斯為之德。
효 제 충 신 인 의 예 지 사 위 지 덕

未及躬行安有德乎。
미 급 궁 행 안 유 덕 호

然而謂之德性者, 性本樂善,
연 이 위 지 덕 성 자, 성 본 락 선

隨感而發者, 無非善心。
수 감 이 발 자, 무 비 선 심

다산에게 덕(德)은 곧은 마음을 밖으로 드러내어, 몸소 실천하는 구체적인 행위 바로 그 자체였다. 그는 행하지 않으면 덕이 없다고 잘라 말한다. 효도, 충성, 신의와 같은 덕목들이 아무리 고귀할지라도, 그것이 삶에서 행동으로 나타나지 않는다면 한낱 관념에 지나지 않는다는 것이다. 몸으로 행하는 실행력이 없을 때, 덕이란 존재하지 않는다는 뜻이다. 이러한 행위가 가능한 이유는 사람의 본성(性情)이 본래 선함을 기뻐하기 때문이다. 마음속 선함이 외부의 일에 감응하여 자연스럽게 밖으로 드러나는 것, 그것이 곧 덕의 발현이다. 결국 다산에게 덕을 쌓는다는 것은, 지식을 쌓는 것과 마찬가지로 끊임없는 실천과 실행을 통해서만 가능한 일이었다. 덕은 증명되어야 하는 것이지, 그저 존재하는 것이 아니기 때문이다.

오늘의 생각 | 오늘 필사를 하면서 느낀 점이나 떠오른 생각을 적어보세요.

| 일곱. | 여유당전서 제5집 제17권, 『정법집(政法集)』「목민심서(牧民心書)」 |

이 책을 '심서'라 이름한 까닭은 무엇인가.
내게는 백성을 돌보려는 마음이 있으나,
몸소 실행할 수 없었기 때문이다.
그러므로 이에 따라 이렇게 이름하였다.

命之曰心書者何也。
명 지 왈 심 서 자 하 야.

予有牧民之心,
여 유 목 민 지 심,

而不得躬行,
이 부 득 궁 행,

故以是名之。
고 이 시 명 지.

다산은 평생에 걸쳐 행함이 없는 지식은 죽은 것이라 말했다. 그러나 이 글에서 그는, 행하고 싶어도 행할 수 없는 자신의 처지를 고백한다. 오랜 유배 생활 동안 그의 몸은 묶여 있었고, 백성을 돌보려는 뜨거운 마음은 가슴속에만 머물러야 했다. 그의 지혜와 경륜은 현실에서 펼쳐질 수 없는, 그저 마음속의 그림일 뿐이었다. 그리하여 그는 자신의 책을 심서(心書), 즉 마음의 책이라 이름 짓는다. 이는 몸소 실행할 수 없는 목민의 길을 마음으로나마 기록하여 훗날을 기약하려는, 한 개혁가의 절박한 심정이 담긴 표현이다. 백성을 향한 마음은 있으나 이를 실천할 수 없는 고통, 이 구절은 다산의 꺾이지 않는 목민 정신과 실행을 향한 그의 깊은 갈망을 가장 아프게 보여준다.

오늘의 생각 | 오늘 필사를 하면서 느낀 점이나 떠오른 생각을 적어보세요.

| 여덟. | 여유당전서 제5집 제17권, 『정법집(政法集)』「목민심서(牧民心書)」 |

공무에 잠시 틈이 있더라도,
반드시 정신을 가다듬고 마음을 고요히 하여,
백성을 편안케 할 계책을 헤아리며,
지극한 성의로 옳음을 구하라.

公事有暇。
공 사 유 하.

必凝神靜慮。
필 응 신 정 려.

思量安民之策。
사 량 안 민 지 책.

至誠求善。
지 성 구 선.

다산이 말하는 실행이란 몸을 움직이는 것 이상의 의미를 품고 있었다. 올바른 실행을 위한 치열한 사유와 준비 과정 또한 실행의 일부였다. 공무 중 잠시 얻은 틈은 나태로 흘려보낼 시간이 아니다. 그것은 다음 실행을 위해 생각을 벼리는 시간이다. 정신을 가다듬고 마음을 고요히 하는 것은, 곧 닥쳐올 현실의 문제 앞에서 가장 효과적이고 올바른 판단을 내리기 위한 준비 자세다. 이 고요에 잠긴 목민관은 '백성을 편안하게 할 계책'을 헤아린다. 이는 다가올 실행의 구체적인 계획을 세우고 그 결과를 미리 그려보는 치밀한 과정이다. 나아가 '지극한 성의로 옳음'을 구하는 것은, 그 실행이 사사로운 이익이 아닌 공적인 정의를 향하도록 방향을 바로잡는 일이다.

오늘의 생각 | 오늘 필사를 하면서 느낀 점이나 떠오른 생각을 적어보세요.

아홉. 여유당전서 제5집 제17권, 『정법집(政法集)』「목민심서(牧民心書)」

시를 읊고 바둑에 몰두하며,

정무를 아랫사람에게 떠넘기는 자는,

대단히 불가하다.

若夫哦詩賭棋,
약 부 아 시 도 기,

委政下吏者,
위 정 하 리 자,

大不可也。
대 불 가 야.

실행의 핵심은 책임의 직접성이다. 다산은 목민관이 핵심 결정을 스스로 다루지 않고 하급에게 일괄 위임하면 행정이 공허해진다고 경계한다. 실행은 지도자의 주의와 시간, 판단이 실제로 투입될 때만 작동한다. 기준 설정, 배분, 상벌, 승인처럼 결과를 좌우하는 결절 업무만큼은 직접 보고받고 직접 결정하는 구조가 필요하다.

오늘의 생각 | 오늘 필사를 하면서 느낀 점이나 떠오른 생각을 적어보세요.

열.　여유당전서 제5집 제17권, 『정법집(政法集)』「목민심서(牧民心書)」

아직 밝기 전에 일어난다. 촛불을 켜고 세수한다.
의관을 바로하고 띠를 졸라맨다. 말없이 단정히 앉는다.
정신을 함양한다. 잠시 뒤, 비로소 생각을 고르게 가다듬는다.
오늘 해야 할 일을 집어, 먼저와 나중의 차례를 정한다.
먼저 어느 장계를 처리하고, 그다음 어느 명령을 반포할지를,
모두 또렷이 마음속에 세운다.
이윽고 첫 번째 일을 집어, 어떻게 하는 것이 좋은가를 생각하고,
다음으로 두 번째 일을 집어, 어떻게 잘할지를 생각한다.

未明而起。明燭盥洗。整衣束帶。默然危坐。
미명이기. 명촉관세. 정의속대. 묵연위좌.

涵養神氣。少頃。乃繹思慮。
함양신기. 소경. 내역사려.

取今日當行之務。先定先後次第。
취금일당행지무. 선정선후차제.

首治某牒。次發某令。皆歷然在心。
수치모첩. 차발모령. 개역연재심.

乃取第一件。思其善處。
내취제일건. 사기선처.

次取第二件。思其善處。
차취제이건. 사기선처.

이 대목은 아침의 질서를 통해 뜻을 실행으로 이어가는 방식을 설명한다. 먼저 몸가짐을 정돈하고 마음을 가라앉힌 뒤, 할 일을 정리하고 우선순위를 가늠한다. 결재할 일과 반포할 내용을 마음속으로 떠올려 보고, 가장 먼저 손댈 일을 골라 처리 방향을 생각한 뒤 실행에 들어간다. 이 과정은 순서를 정하고, 실행에 옮기고, 처리 방식을 다듬어 가는 흐름으로 이어진다. 그렇게 하루를 시작하는 태도가 반복되면, 일은 자연스럽게 정돈되고 결정도 분명해진다. 생각이 정리되었다면, 첫 일을 조용히 시작하면 된다. 다음 일도 같은 흐름으로 이어가면 된다.

오늘의 생각 | 오늘 필사를 하면서 느낀 점이나 떠오른 생각을 적어보세요.

열하나. 여유당전서 제1집 제21권, 『문집(文集)』 서간류 「기량아(寄兩兒)」

해가 새로워졌다. 군자는 새로워짐을 실천한다.
마음과 행실을 반드시 새롭게 한다. 또한 한 번 더 새롭게 한다
나는 젊을 적 새해를 맞으면 반드시 일 년의 과업을 미리 정했다.
어느 책을 읽고 어떤 글을 베낄지 정해 두고
그 뒤에 그대로 실행했다.
몇 달이 지난 뒤라도 뜻밖의 일에 빼앗기는 때가 있어도
선함을 즐기고 앞으로 나아가려는 뜻만은 스스로도 가릴 수 없었다.

歲新矣。君子履新。
세신의. 군자이신
必其心與行, 亦要一新。
필기심여행, 역요일신
吾少時每遇新正, 必預定一年工課,
오소시매우신정, 필예정일년공과
如讀某書鈔某文,
여독모서초모문,
然後從而行之,
연후종이행지,
或至數月之後, 雖未免爲事故所奪,
혹지수월지후, 수미면위사고소탈
然其樂善向前之志, 自亦有不能掩者矣。
연기락선향전지지, 자역유불능엄자의

다산은 계획을 세웠다면 망설이지 말고 바로 실행에 옮기는 태도를 중요하게 여긴다. 새해의 결심도 마음속 다짐에 머무르지 않고, 읽을 책이나 필사할 글처럼 손에 잡히는 과제로 바꾸어 일과표에 구체적으로 넣어야 한다고 본다. 실행은 변수에 흔들리지 않고 꾸준히 이어질 때 힘을 얻는다. 완벽하게 해내는 것보다 중요한 것은 그 흐름을 끊지 않는 일이며, 그렇게 이어지는 작은 실천들이 쌓이면서 마음과 행동 모두 조금씩 달라진다.

오늘의 생각 | 오늘 필사를 하면서 느낀 점이나 떠오른 생각을 적어보세요.

| 열둘. | 여유당전서 제1집 제11권, 『시문집(詩文集)』 논(論) 「기예론(技藝論)」 |

우리나라의 온갖 기술은 예전 중국에서 배운 법이었다. 수백 년 동안 새로 배우러 가는 계획을 끊어 버렸다. 그러나 중국의 새 방식과 묘한 제도는 날마다 늘어났다. 예전의 중국이 아닌데도 우리는 막연히 묻지 않고 옛것에만 편안해한다. 어찌 그리도 게으른가. 뒤에 나온 제도를 찾아가 배우지 않으면 어리석음과 고루함을 깨뜨리고 이익을 일으킬 수 없다. 이 일은 마땅히 깊이 강구해야 한다.

我邦之有百工技藝, 皆舊所學中國之法,
아방지유백공기예, 개구소학중국지법,

數百年來, 截然不復有往學中國之計。
수백년래, 절연불부유왕학중국지계.

而中國之新式妙制, 日增月衍, 非復數百年以前之中國,
이중국지신식묘제, 일증월연, 비부수백년이전지중국,

我且漠然不相問, 唯舊之是安, 何其懶也。
아차막연불상문, 유구지시안, 하기란야.

若夫利用厚生之所須, 百工技藝之能,
약부이용후생지소수, 백공기예지능,

不往求其後出之制, 則未有能破蒙陋而興利澤者也。
불왕구기후출지제, 즉미유능파몽루이흥리택자야.

此謀國者所宜講也。
차모국자소의강야.

다산은 스스로 나아가 배우는 자세를 강조했다. 익숙한 방식에 기대며 이유만 늘어놓는 태도는 성장을 멈추게 한다. 새롭게 익혀야 할 방법을 직접 찾아보고, 눈으로 확인하고, 손으로 적으며, 곧바로 시험해 보고 그 결과를 수치와 기록으로 남겨 다음 날에 보완해 나가는 과정이 필요하다. 이렇게 배우고 실행하며, 확인하고 다듬는 짧은 순환이 이어질 때, 낡은 습관에서 벗어날 수 있고 실제의 변화도 조금씩 만들어진다.

오늘의 생각 | 오늘 필사를 하면서 느낀 점이나 떠오른 생각을 적어보세요.

열셋 ｜ 여유당전서 제2집 제5권, 『경집(經集)』「맹자요의(孟子要義)」

호연지기는 하루아침에 생기지 않는다.
인의와 의로운 일을 쌓아 해가 없도록 기르면 그 기운이 이룬다.
오늘 한 가지 의를 행하고 내일 또 한 가지 의를 행한다.
의가 이미 쌓이면
그 기운이 그것으로 길러진다.
그리하여 몸의 기력은 넓고 커져 비록 천지를 채울 만큼이라 하여도
그 묘하게 합쳐 머무는 곳은 늘 이 몸 안이다.
그러므로 이를 기라 부른다

浩然之氣, 非一朝之所能生, 必積仁累義,
호연지기, 비일조지소능생, 필적인루의,

養之無害, 然後其氣乃成。
양지무해, 연후기기내성.

今日行一義, 明日行一義, 義之旣積, 氣以之養,
금일행일의, 명일행일의, 의지기적, 기이지양,

是其體力之廣大, 雖可以塞天地,
시기체력지광대, 수가이색천지,

而其妙合之所常寓, 終不離於形軀之內,
이기묘합지소상우, 종불리어형구지내,

斯其所以名氣也。
사기소이명기야.

다산은 호연지기, 즉 넓고 흔들리지 않는 바른 기운을 하루에 한 가지 옳은 일을 실천하며 조금씩 쌓아 가는 힘으로 설명한다. 오늘 한 가지를 실천하고, 내일 또 한 가지를 더해 가는 꾸준한 실행이 그 기운을 몸 안에 자리 잡게 한다. 그렇게 쌓인 기운은 밖으로 드러내지 않아도 쉽게 흔들리지 않는다. 말보다 행동이 먼저이고, 큰 결심보다 작은 실천이 이어질 때 비로소 힘이 생긴다는 다산의 태도가 여기에 담겨 있다.

오늘의 생각 | 오늘 필사를 하면서 느낀 점이나 떠오른 생각을 적어보세요.

| 열넷 | 여유당전서 제5집 제16권, 『정법집(政法集)』「목민심서(牧民心書)」

문묘의 제사는 수령이 몸소 행하되,
경건히 목욕재계하여, 많은 선비들의 본보기가 되어야 한다.

文廟之祭, 牧宜躬行,
문 묘 지 제 , 목 의 궁 행 ,

虔誠齊沐, 爲多士倡。
견 성 제 목 , 위 다 사 창 .

다산은 의례와 행정을 따로 보지 않는다. 문묘 제사의 경우, 수령이 직접 절차를 밟아 경건한 태도를 드러내고, 그 모습이 자연스럽게 선비들에게 기준이 된다. 규범은 말로 설명되기보다 몸으로 실천될 때 더 분명하게 전달된다. 절차가 눈앞에서 이루어질 때 질서는 생동감을 갖고 움직이며, 구성원은 말이 아니라 행위를 통해 익히게 된다. 다산은 이런 방식을 통해, 중요한 절차일수록 몸으로 실천하는 일이 왜 필요한지를 보여준다.

오늘의 생각 | 오늘 필사를 하면서 느낀 점이나 떠오른 생각을 적어보세요.

열다섯.

여유당전서 제2집 제5권, 『경집(經集)』「맹자요의(孟子要義)」

표기에 이르기를 길을 따라 나아가되 중도에 그만두지 말며, 몸의 늙음을 잊고 해가 저물도록 부지런히 하다가 죽은 뒤에야 그친다 하였다.
이를 일컬어 마음을 다함이라 한다.
마음을 다한다는 것은 곧 행함이니 행하면 반드시 알게 되고 알면 반드시 행하게 되니 서로 함께 닦이는 것이다.

表記曰, 鄕道而行, 中道而廢,
표 기 왈, 향 도 이 행, 중 도 이 폐,

忘身之老也, 不知年數之不足也。
망 신 지 로 야, 불 지 년 수 지 부 족 야.

俛焉日有孶孶, 斃而後已。
면 언 일 유 자 자, 폐 이 후 이.

此之謂盡心。盡心者, 行也,
차 지 위 진 심. 진 심 자, 행 야,

行則必知, 知則必行, 互發而交修者也。
행 즉 필 지, 지 즉 필 행, 호 발 이 고 수 자 야.

진심, 즉 마음을 다한다는 것은 중간에 멈추지 않고 이어가는 태도를 뜻한다. 오늘 한 가지 옳은 일을 행하고, 내일도 또 하나를 더해 가는 꾸준함이 힘을 만든다. "행하면 반드시 알고, 알면 반드시 행한다"는 말은 앎과 실행이 서로를 북돋으며 함께 자라난다는 뜻이다. 앎은 실천 속에서 분명해지고, 실천은 앎을 바탕으로 방향을 잡는다. 마음을 다한다는 것은 이 둘 사이의 흐름을 놓치지 않고 이어가는 데 있다.

오늘의 생각 | 오늘 필사를 하면서 느낀 점이나 떠오른 생각을 적어보세요.

| 열여섯. | 여유당전서 제1집 제18권, 가계(家誡)「시학연가계(示學淵家誡)」|

집에 있을 때는 오직 책을 읽고 예를 강론한다.

꽃을 심고 나물을 가꾸며 샘줄기를 끌어 연못을 만들고 돌을 쌓아 작은 산을 조성한다.

벼슬에 나가면 고을을 맡아 어질고 곧고 청렴하고 깨끗함을 힘써 백성과 아전이 두루 편안하게 한다.

나라의 큰일을 만나면 험난함을 두려워하지 않고 목숨을 바쳐 끝까지 절의를 다한다.

居家唯讀書講禮。
거 가 유 독 서 강 례.

蒔花種菜引泉爲沼累石爲山。
시 화 종 채 인 천 위 소 루 석 위 산.

或出典郡縣務慈良廉潔吏民俱便。
혹 출 전 군 현 무 자 량 염 결 이 민 구 편.

或值國家大事不憚夷險效死盡節。
혹 치 국 가 대 사 불 탄 이 험 효 사 진 절.

다산이 그리는 이상적인 인간상은 말로만 큰 뜻을 논하는 사람이 아니었다. 그는 삶의 모든 자리에서 마땅히 할 바를 몸소 실행하는 사람을 통해 큰 뜻이 이루어진다고 보았다. 집에서는 책을 읽고 예를 공부하며 실행의 근본이 되는 이치를 닦는다. 이는 앞으로 펼쳐질 모든 행동의 굳건한 뿌리가 된다. 마당에서는 꽃과 나물을 가꾸며 배운 바를 손수 시험한다. 작은 자연에 질서를 부여하는 이 행위는, 훗날 고을을 다스릴 경륜의 작은 예행연습이다. 벼슬길에 나아가서는 집에서 닦은 원칙과 마당에서 익힌 실행력으로 백성을 편안하게 한다. 나아가 나라의 위기 앞에서는 목숨을 바쳐 절의를 지킴으로써, 그가 평생에 걸쳐 실행해온 모든 배움의 뜻을 완성한다. 이 네 가지 모습은 각기 다른 삶이 아니다. 안으로는 앎을 다하고 밖으로는 실천을 다하여, 마침내 배움과 삶을 일치시키는 것, 이것이 바로 다산이 말한 몸소 실행하여 큰 뜻을 이루는 군자의 길이다.

오늘의 생각 | 오늘 필사를 하면서 느낀 점이나 떠오른 생각을 적어보세요.

열일곱 ｜ 여유당전서 제1집 제9권, 『시문집(詩文集)』 「응지논농정소(應旨論農政疏)」

농사를 으뜸으로 세우려면, 윗사람이 몸소 밭을 가는 예를 행한다.

그러면 농사가 스스로 존중받는다.

옛 임금들은 빠짐없이 그렇게 했다.

하루라도 예를 행하면 사방의 마음이 움직인다.

윗사람이 좋아하고 앞장서면, 아랫사람은 더 힘써 따른다.

今欲上農, 上行親耕之禮, 而農自尊矣。
금욕상농, 상행친경지례, 이농자존의.

歷代聖王, 莫不行之, 一日禮行, 四方風動。
역대성왕, 막불행지, 일일례행, 사방풍동.

上有好者, 下必有甚。
상유호자, 하필유심.

친경(임금이 몸소 밭을 가는 예)은 몸으로 보여 주는 실천에 가깝다. 다산은 실행의 힘은 윗사람이 직접 나서는 행위에서 비롯된다고 보았다. 하루라도 눈앞에서 실제로 행해지면, 그 영향은 자연스럽게 주변에 미친다. 본보기가 되는 일은 말보다 행동으로 전달되며, 그런 실천이 반복될 때 질서도 서서히 자리를 잡는다.

오늘의 생각 | 오늘 필사를 하면서 느낀 점이나 떠오른 생각을 적어보세요.

| 열여덟. | 여유당전서 제5집 제16권, 『정법집(政法集)』「목민심서(牧民心書)」|

얇은 종이로 봉하고, 겉면에 표식을 적게 하라.
정해진 어느 날 정오에, 동시에 읍에 들고,
동시에 관아 뜰로 들어오게 하라.
내 앞에서 직접 받아들이겠다.

各用薄紙糊封。外著標識。
각 용 박 지 호 봉. 외 저 표 식.

竝於某日午刻。同時入邑。
병 어 모 일 오 각. 동 시 입 읍.

同時入庭。
동 시 입 정.

面前親納。
면 전 친 납.

바로 앞에서 직접 받아들이겠다는 이 한마디가 실행이 어떻게 시작되는지를 잘 보여준다. 의견을 모으라고 지시하는 데서 멈추지 않고, 시간과 자리를 정해 자신이 직접 받아들이는 자리까지 약속한다는 점에서 그렇다. 실행은 언제, 어디서, 누가, 무엇을, 어떻게 할지를 구체적으로 정하는 일에서 힘을 얻는다. 직접 마주하는 수고를 통해 신뢰가 생기고, 대리나 보고만으로는 알 수 없는 정보와 감각이 몸으로 체득된다.

오늘의 생각 | 오늘 필사를 하면서 느낀 점이나 떠오른 생각을 적어보세요.

열아홉. 여유당전서 제5집 제1권, 『정법집(政法集)』「경세유표(經世遺表)」

모든 관직이 제대로 갖추어지지 못하고, 올바른 선비는 녹을 받지 못하며, 탐욕의 풍조가 크게 일어나 백성이 수척해졌다.
내가 가만히 생각해 보니, 터럭 하나까지도 병이 아닌 것이 없다.
지금 바로 고치지 않으면, 마침내 나라가 망하고서야 그치게 될 것이다.
이런 때에 충신과 뜻 있는 사람이 소매를 끼고 곁에서 바라만 보고 있을 수 있겠는가.

百官不備, 正士無祿, 貪風大作, 生民憔悴.
백관불비, 정사무록, 탐풍대작, 생민초췌.

竊嘗思之, 蓋一毛一髮, 無非病耳.
절상사지, 개일모일발, 무비병이.

及今不改, 其必亡國而後已.
급금불개, 기필망국이후이.

斯豈忠臣志士所能袖手而傍觀者哉.
사기충신지사소능수수이방관자재.

실행을 가로막는 건 실패가 아니라 머뭇거리며 지나치는 태도에 더 가깝다. 생각이 떠오르고 마음이 움직일 때, 그 흐름이 식기 전에 한 걸음이라도 행동으로 옮기는 것이 중요하다. 직접 확인하고, 시작하고, 마무리하는 과정이 실행되어야만, 의도는 구체적인 결과로 이어진다. 말이나 계획보다는, 남겨진 흔적이 실천의 진심을 보여준다.

오늘의 생각 | 오늘 필사를 하면서 느낀 점이나 떠오른 생각을 적어보세요.

| 스물 | 여유당전서보유 제1책,「열수문황(洌水文簧)」|

내 행적을 생각하니, 수도에 있으면서도 부끄럽다.
내 일의 성과가 모자란 것은, 내 몸소 실행이 부족했기 때문이다.
큰 은혜를 입어 교육의 덕을 누렸으니,
문과 무를 겸비한 임금을 우러러본다.

念迹忝首善, 工乏躬行。
염 적 첨 수 선, 공 핍 궁 행.

菁莪沐恩, 幾仰允文允武。
정 아 목 은, 기 앙 윤 문 윤 무.

다산은 공이 부족한 이유를 스스로 돌아보며, 말이나 생각이 아니라 몸으로 옮기지 못한 데 있다고 적는다. 실행이 부족하면 성과도 따르지 않는다. 말이나 계획이 아무리 많아도 실천이 따르지 않으면 의미가 남기 어렵다. 그래서 오늘 해야 할 일은 작게라도 직접 시작해 보는 쪽으로 향해야 한다. 손이 닿은 만큼만 결과는 생기고, 그만큼이 결국 자신의 몫이 된다.

오늘의 생각 | 오늘 필사를 하면서 느낀 점이나 떠오른 생각을 적어보세요.

제5부 삶의 원칙을 공고히 하다

정심성의 正心誠意

| 하나. | 여유당전서 제2집 제10권, 『논어고금주(論語古今註)』「태백(泰伯)」。|

그러므로 세상에서 가장 잃기 쉬운 것은 '나'보다 더한 것이 없다.

돌이켜 보건대, 나를 묶고 잇고 빗장을 지르고 자물쇠를 채워 굳게 지켜야 하지 않겠는가.

나는 공연히 감추려다 도리어 나를 잃고 말았었다.

故天下之易失者, 莫如吾也。
고 천 하 지 이 실 자 , 막 여 오 야 .

顧不當縶之維之扃之鐍之, 以固守之邪。
고 부 당 즉 지 유 지 경 지 궐 지 , 이 고 수 지 사 .

吾謾藏而失吾者也。
오 만 장 이 실 오 자 야 .

이 구절은 세상에서 가장 잃기 쉬운 것이 다름 아닌 자신이라고 명시하며, 스스로 세운 규례로 마음과 행실을 붙들어 두어야 한다고 말한다. 또한 숨기려 들면 오히려 자신을 잃는다는 경계를 덧붙인다. 즉(縶, 묶어 둠), 유(維, 매어 붙듦), 경(扃, 빗장), 휼(鐍, 자물쇠)이라는 네 동사는 '나'를 지키기 위한 단속의 층위를 묘사한다. 먼저 원칙을 묶고, 다음에 그 묶임을 유지하는 매듭을 더하고, 문턱에는 빗장을 걸어 출입을 제한하고, 마지막으로 자물쇠를 걸어 조그마한 틈까지도 막는다. 체면을 위해 은폐하기보다는 드러난 규범과 반복되는 절차로 자신을 지키라는 뜻이다. 이렇게 명확한 원칙을 적시함으로써, 일상과 공무의 행실이 한결같아진다.

오늘의 생각 | 오늘 필사를 하면서 느낀 점이나 떠오른 생각을 적어보세요.

둘. 여유당전서 제5집 제17권, 『정법집(政法集)』「목민심서(牧民心書)」

일상과 휴식에 절도가 있고, 옷차림을 단정히 하며, 사람들을 대할 때는 장중함을 지킨다.
공무에 틈이 있으면 반드시 마음을 가라앉혀 깊이 생각하고, 백성을 편안하게 할 방책을 궁리하되 지극한 성의로 좋은 길을 구한다.
말을 늘이지 말고, 성급히 성내지 않는다.

興居有節, 冠帶整飭, 莅民以莊, 古之道也。
흥거유절, 관대정칙, 입민이장, 고지도야.

公事有暇, 必凝神靜慮, 思量安民之策, 至誠求善。
공사유가, 필응신정려, 사량안민지책, 지성구선.

毋多言, 毋暴怒。
무다언, 무폭노.

다산에게 삶의 원칙이란 일상의 모든 순간을 통해 몸으로 체득하고 다져나가는 것이었다. 일상과 휴식의 절도, 단정한 옷차림, 사람을 대하는 장중한 태도는 그 원칙의 외면적 표현이다. 흐트러짐 없는 외면의 자세를 통해 내면의 원칙 또한 공고해진다. 공무의 틈을 이용해 백성을 위한 방책을 깊이 궁리하는 것은, 그 원칙의 목적이 늘 백성을 향하고 있음을 보여준다. 고요한 사유의 시간을 통해 원칙은 더 깊고 예리하게 다듬어진다. 말의 군더더기를 없애고 성급한 분노를 다스리는 것은 가장 어려운 수련이다. 이는 잘 다져진 원칙이 순간의 감정에 의해 무너지지 않도록 지키는 관문이다. 이처럼 다산은 외면의 자세와 내면의 사유, 그리고 감정의 절제가 모두 하나로 어우러질 때, 비로소 한 사람의 원칙이 반석처럼 굳건해진다고 보았다.

오늘의 생각 | 오늘 필사를 하면서 느낀 점이나 떠오른 생각을 적어보세요.

셋. 여유당전서 제5집 제30권, 『정법집(政法集)』「흠흠신서(欽欽新書)」

무릇 세상 모든 것들은 굳이 지킬 만한 것이 못 되고,
오직 '나'만은 지켜야 한다.
다만 이른바 '나'라는 것은 달아나기 쉬워,
들고남이 일정하지 않다.

大凡天下之物, 皆不足守,
대 범 천 하 지 물, 개 부 족 수,
而唯吾之宜守也。
이 유 오 지 의 수 야.
獨所謂吾者, 其性善走,
독 소 위 오 자, 기 성 선 주,
出入無常。
출 입 무 상.

땅이나 집, 책이나 옷 같은 것은 잃더라도 다시 구할 수 있다. 하지만 마음과 뜻, 기준은 한 번 느슨해지면 금세 흩어지고 만다. 그래서 삶의 원칙은 스스로 세운 내면의 기준에 따라 조율되어야 한다. 그 기준이 분명해질 때, 삶의 방향도 자연스레 자리를 잡는다.

오늘의 생각 | 오늘 필사를 하면서 느낀 점이나 떠오른 생각을 적어보세요.

넷. 여유당전서 제1집 제2권, 『시문집(詩文集)』 시(詩) 「증강사빈(贈姜士賓)」

본래의 참됨을 지켜 세속의 말단적 속됨을 넘어라.

숨과 기운을 한곳에 모아 부드러움을 기르되 갓난아이처럼 하라.

葆眞超末俗,
보 진 초 말 속 ,

專氣若柔嬰。
전 기 약 유 영 .

이 구절에서 참됨은 상황에 따라 흔들리지 않는 기준이고, 속됨은 그때그때의 유행이나 이익에 따라 움직이는 태도다. 다산은 여기에 더해, 마음의 기운은 온전히 모으되, 그 쓰임은 갓난아이처럼 부드럽게 하라고 당부한다. 힘을 모은다는 것은 마음이 흩어지지 않도록 중심을 지키는 일이며, 부드럽게 한다는 것은 그것을 억세게 밀어붙이지 않고 유연하게 실천하는 태도를 뜻한다. 삶의 원칙은 분명하게 세우되, 그것을 지켜 나가는 방식은 부드럽고 유연해야 한다. 단단함과 온화함을 함께 지니고 있어야 외부의 영향에 쉽게 흔들리지 않고, 관계와 일에서도 마찰 없이 오래 이어갈 수 있다.

오늘의 생각 | 오늘 필사를 하면서 느낀 점이나 떠오른 생각을 적어보세요.

다섯. 여유당전서 제1집 제18권, 『문집(文集)』 서간류 「답이계수(答李季受)」

알현이 끝나 사람들이 물러가면,
고요히 단정히 앉아 정사를 펼 방도를 헤아리되,
너그러움과 엄격함, 간략함과 치밀함의 경계를 미리 가늠하여 틀을 세우고,
오직 그때그때의 형편에 맞게 하며,
굳건히 스스로의 원칙을 지키십시오.

參謁旣退。
참 알 기 퇴.

穆然端坐。思所以出治之方。
목 연 단 좌. 사 소 이 출 치 지 방.

寬嚴簡密。預定規模。
관 엄 간 밀. 예 정 규 모.

唯適時宜。確然以自守。
유 적 시 의. 확 연 이 자 수.

다산은 하루를 판단하는 기준을 정할 때, 남의 기대나 외부의 소란이 잠잠해진 뒤 조용히 자신만의 기준을 세우라고 말한다. 어디에서는 너그럽게, 어디에서는 엄하게, 어떤 일은 간단히, 어떤 일은 세밀하게 처리할지를 미리 가늠하라는 것이다. 그와 같은 습관이 원칙을 흐트러뜨리지 않고 지켜가는 데 도움이 된다.

오늘의 생각 | 오늘 필사를 하면서 느낀 점이나 떠오른 생각을 적어보세요.

| 여섯. | 여유당전서 제1집 제1권, 『시문집(詩文集)』 부(賦) 「석지부(惜志賦)」 |

나는 내 안의 맑음을 들여다본다.
얽히고 왜곡된 비난이 있더라도 무엇이 해가 되랴.
이미 명을 이고 따르니,
어찌 다시 속으로 흔들리겠는가.

余內視其的皪兮,
여 내 시 기 적 력 혜,

雖糾譑亦何傷?
수 규 교 역 하 상?

旣戴命而莫違兮,
기 대 명 이 막 위 혜,

又何爲乎內慊?
우 하 위 호 내 겹?

다산은 내면이 맑은지 먼저 살펴보고, 그 맑음을 흐리지 않겠다는 다짐을 남긴다. 여기서 말하는 '명(命)'은 이미 정해진 운명이 아니라, 충분히 숙고한 끝에 스스로에게 부여한 삶의 기준에 가깝다. 원칙을 세운 뒤에는 여론이나 이익, 억측보다 그 기준에 어긋나지 않았는지를 먼저 돌아본다. 흔들리는 마음조차 원칙에서 벗어나는 일로 여긴다. 이렇게 정해 둔 내적 기준은 판단을 단순하게 만들고, 결정을 빠르게 하며, 선택 이후의 불필요한 후회를 줄인다.

오늘의 생각 | 오늘 필사를 하면서 느낀 점이나 떠오른 생각을 적어보세요.

일곱. 여유당전서 제2집 제6권, 『경집(經集)』「맹자요의(孟子要義)」

이 길을 따르면 살 수 있고, 그 길을 따르면 재난을 피할 수 있다.
사는 길로 가면 살고, 환난을 피하는 길로 가면 피할 수 있다.
그런데 사람들이 그것을 두고도 따르지 않는 까닭은,
예와 의의 바람직함이 삶의 욕구보다 더 크고,
예가 아니고 의롭지 못함에 대한 미움이
죽음에 대한 두려움보다 더 크기 때문이다.

由是則生, 由是則可以辟患。
유시즉생, 유시즉가이벽환.

由生路則生, 由辟患之路則辟患,
유생로즉생, 유벽환지로즉벽환,

而人有舍之而不由者, 爲其禮義之可欲,
이인유사지이불유자, 위기예의지가욕,

甚於欲生,
심어욕생,

而非禮不義之可惡, 甚於惡死也。
이비례불의지가오, 심어오사야.

사람이 살길과 안락함을 알아도 그 길을 마다하는 까닭은, 스스로 세운 '옳음'의 기준이 그 어떤 이해득실보다 앞자리에 있기 때문이라는 것이다. 여기서 핵심은 무엇을 더 하거나 하지 않는 것이 아니라, 삶의 최상위 기준을 먼저 정하고, 이해득실에 관계 없이 그 기준을 바꾸지 않는 것이다. 원칙이 서면 판단은 항상 같은 원리, 즉 원칙과의 합치 여부로 단순화되고, 그 단순함이 일관성과 신뢰로 축적되어 개인의 삶을 오래 지탱한다.

오늘의 생각 | 오늘 필사를 하면서 느낀 점이나 떠오른 생각을 적어보세요.

여덟. 여유당전서 제5집 제16권, 『정법집(政法集)』「목민심서(牧民心書)」

관청에는 손님이 있어서는 아니 된다.
다만 서기 한 사람만 두어 안팎 일을 함께 살피게 하라.
본 고을 사람과 이웃 고을 사람들을 사사로이 받아들이지 말라.
관청 안은 응당 엄숙하고 깨끗해야 한다.
친척과 옛 벗이 관내에 많더라도
약속을 엄히 밝혀 의심과 비방을 끊고 정을 보전하라.
조정의 귀한 이가 사사로운 편지로 청탁을 맡긴다 하여도 들어주지 말라.
문지방의 금령은 엄하지 않을 수 없다.

凡官府不宜有客。唯書記一人，兼察內事。
범관부불의유객. 유서기일인, 겸찰내사.

凡邑人及鄰邑之人，不可引接。大凡官府之中，宜肅肅淸淸。
범읍인급린읍지인, 불가인접. 대범관부지중, 의숙숙청청.

親戚故舊，多居部內，宜申嚴約束，以絶疑謗，以保情好。
친척고구, 다거부내, 의신엄약속, 이절의방, 이보정호.

凡朝貴私書，以關節相託者，不可聽施。
범조귀사서, 이관절상탁자, 불가청시.

閽禁，不得不嚴。
혼금, 불득불엄.

다산은 관청에 사적인 왕래를 들이지 않고, 최소한의 인원으로 기록과 안팎의 사무를 일관되게 관리하며, 친인척이나 연고가 개입할 여지를 미리 막아야 한다고 말한다. 이는 사람 사이의 정을 끊자는 뜻이 아니라, 오히려 그 정을 해치지 않기 위해 경계를 분명히 해야 한다는 태도에 가깝다. 윗선에서 내려오는 사적인 청탁 또한 예외 없이 거절해, 공공의 신뢰를 지키려 했다. 절차 안에 사적 접촉을 끌어들이지 않는 규칙을 마련하고, 금지할 항목을 미리 정해두면, 시비가 줄고 판단도 흔들림 없이 기준 위에 머물 수 있다.

오늘의 생각 | 오늘 필사를 하면서 느낀 점이나 떠오른 생각을 적어보세요.

| 아홉. | 여유당전서 제1집 제2권, 『시문집(詩文集)』 시(詩) 「독퇴도유서(讀退陶遺書)」 |

만 가지 움직임도 한 번 고요로 돌아감만 못하다.
많은 향기들이 어찌 홀로의 향기를 지켜내는 것만 하겠는가?

萬動不如還一靜,
만 동 불 여 환 일 정 ,

衆香爭似守孤芳?
중 향 쟁 사 수 고 방 ?

여기서 다산이 말한 고요는, 어느 순간이든 다시 원칙을 따라 삶을 조율할 수 있는 상태를 뜻한다. 다산은 남과 뒤섞인 자리에서도 빛을 잃지 않는 외로운 향처럼 살고자 했다. 그것은 삶의 원칙을 지키는 태도에 대한 비유였다. 원칙은 복잡하게 흐트러지는 상황 속에서 마음을 다시 고요한 자리로 돌려놓는 구심점이 된다.

오늘의 생각 | 오늘 필사를 하면서 느낀 점이나 떠오른 생각을 적어보세요.

| 열. | 여유당전서 제2집 제5권, 『경집(經集)』「맹자요의(孟子要義)」 |

뜻은 군을 거느리는 장수요, 기는 따르는 병졸이다.
마음을 흔들리지 않게 하는 법은,
뜻을 지키는 일을 맨 앞의 과업으로 삼고,
성급한 기운을 일으키지 않게 하는 일을
그 다음 과업으로 삼는 것이다.

志爲將帥,
지 위 장 수,

氣爲卒徒。
기 위 졸 도.

凡不動心之法,
범 부 동 심 지 법,

持志爲首務,
지 지 위 수 무,

無暴氣爲次功。
무 폭 기 위 차 공.

다산은 삶의 중심에 뜻을 두었다. 삶의 기운이란 그때그때 변화하지만, 무엇이 옳다고 여기고 어디까지 물러서지 않을지를 판단하는 정신은 흔들림 없는 뜻에서 나온다고 본다. 그래서 무엇보다 먼저, 원칙을 세우고 지켜가는 일을 중요하게 여겼다. 여기서 말하는 원칙은 변화하는 이익이나 감정보다 앞서는 기준을 스스로 정하고, 그 기준을 언제나 삶의 앞자리에 놓으라는 의미에 가깝다. 아울러 원칙의 단단함과 감정의 강렬함을 혼동하지 말라는 경계도 함께 담겨 있다. 원칙은 명확하되, 태도는 지나치지 않아야 현실에서 오래 지속될 수 있다. 이런 균형이 잡혀 있을 때, 선택은 일관성을 갖게 되고, 평판이나 이익의 변화에도 흔들리지 않는 방향을 유지할 수 있다.

오늘의 생각 | 오늘 필사를 하면서 느낀 점이나 떠오른 생각을 적어보세요.

열하나. 여유당전서 제1집 제13권, 『시문집(詩文集)』 「수오재기(守吾齋記)」

나는 속으로 감추다 끝내 나를 잃은 자였다.

어릴 적 과명이 달콤해 보여 그 길에 젖어든 세월이 십 년이었다.

그 뒤에도 쫓기듯 흘러가다 보니,

이른바 나라는 것은 굳어 서서 도리어 돌아갈 줄을 몰랐다.

마침내 붙잡아 함께 살려고 했다.

吾譝藏而失吾者也。
오만장이실오자야.

幼眇時見科名之可悅也，往而浸淫者十年。
유묘시견과명지가열야, 왕이침음자십년.

乃所謂吾者,
내소위오자,

凝然不動而莫之知反。
응연불동이막지지반.

遂執與之共住焉。
수집여지공주언.

이 대목은 삶의 기준을 스스로 단속하려는 다산의 내면 기록이다. 그는 어린 시절 과거의 영예에 젖어 지낸 시간이 십 년이었다고 돌아보며, 그 과정에서 생긴 습관이 자신을 흐리게 만들었다고 적는다. 체면을 지키려는 태도가 오히려 자신을 멀어지게 한다는 인식도 따라온다. 그래서 다시 자신을 붙들고 함께 살아가겠다는 결심을 남긴다. 다산이 말한 바는, 명예나 이익에 끌리는 마음에서 벗어나기 위해 원칙을 세우고, 마음과 행실을 거기에 맞춰 되돌려야 한다는 점이다. 되돌아갈 길을 글로 남기고, 매일의 절제 속에서 그것을 지켜 나가려는 실천의 태도가 드러난다.

오늘의 생각 | 오늘 필사를 하면서 느낀 점이나 떠오른 생각을 적어보세요.

열둘. 여유당전서 제5집 제16권, 『정법집(政法集)』「목민심서(牧民心書)」

이익의 유혹에 흔들리지 않고,
위협에 굴복하지 않는 것이 법을 지키는 길이다.
비록 윗사람이 독촉하더라도,
받아들이지 않을 것은 받아들이지 말아야 한다.

不爲利誘,
불 위 이 유,

不爲威屈, 守之道也。
불 위 위 굴, 수 지 도 야

雖上司督之,
수 상 사 독 지,

有所不受。
유 소 불 수.

본문은 법을 지키는 태도를 두 가지 방향에서 풀어낸다. 하나는 이익의 유혹에 흔들리지 않는 것이고, 다른 하나는 위세의 압박을 스스로 거두어 내는 일이다. 원칙은 증거와 절차에서 비롯되며, 윗자리의 지시라 하더라도 타당하지 않다면 따르지 말라는 문장은, 사람의 의중보다 규범의 흐름을 우선하라는 뜻이다. 삶의 원칙을 지켜 나가려면 무엇을 받아들이고 무엇은 거리를 둘지를 미리 정해 두어야 한다. 유혹이나 압박이 다가올 때, 판단이 흐려지지 않도록 기준을 붙들고, 근거 없는 요청에는 응하지 않는 태도가 법을 지키는 일과 맞닿아 있다.

오늘의 생각 | 오늘 필사를 하면서 느낀 점이나 떠오른 생각을 적어보세요.

열셋 ∥ 여유당전서 제1집 제1권, 『시문집(詩文集)』 시(詩) 「술지(述志) 이수(二首)

어릴 적 도성에 드나들며 벗을 사귐에 스스로를 낮추지 않았다.
세속을 벗어난 기품이 있기만 하면
그것으로 마음을 터놓을 약속으로 족했다.
힘을 모아 공자의 학문으로 되돌아가고자 했으니
더는 세태의 편의와 유행을 묻지 않았다.
예의와 의리가 잠시 새로워진다 해도
오히려 후회 또한 거기서 비롯되곤 했다.
지닌 뜻이 굳고 확실하지 못하다면 이 길이 어찌 평탄하겠는가.
늘 도중에 마음이 바뀔까 두렵고 끝내 사람들의 비웃음을 살까 두렵다.

弱歲遊王京, 結交不自卑。但有拔俗韻, 斯足通心期。
약세유왕경, 결교불자비. 단유발속운, 사족통심기.

戮力返洙泗, 不復問時宜。禮義雖暫新, 尤悔亦由玆。
육력반수사, 불복문시의. 예의수잠신, 우회역유자.

秉志不堅確, 此路寧坦夷？常恐中途改, 永爲衆所嗤。
병지불견확, 차로녕탄이？ 상공중도개, 영위중소치.

이 시는 사람을 대하는 태도, 공부하는 자세, 처신의 방식 모두에서 하나의 원칙을 세우고 그것을 지켜가는 과정을 이야기한다. 벗을 사귈 때는 세속을 벗어난 기품을 원칙으로 삼아, 눈치나 이해관계보다 품격을 앞세운다. 공자의 학문으로 돌아간다는 말은 학문의 본래 정신과 기본 규범을 다시 붙드는 것을 뜻하며, 유행이나 편의에 휩쓸리지 않겠다는 태도를 드러낸다. 겉모양만 새롭게 보이는 예의는 시간이 지나면 허물이 되고, 결국 후회를 남긴다는 인식도 담겨 있다. 뜻을 오래 지키지 못하면 중간에 흔들리고, 그 흔들림은 비웃음으로 이어진다. 그래서 삶의 원칙은 작고 사소한 자리에서부터 흐트러지지 않게 실천하는 습관에서 자라난다.

오늘의 생각 | 오늘 필사를 하면서 느낀 점이나 떠오른 생각을 적어보세요.

| 열넷 | 여유당전서 제5집 제16권, 『정법집(政法集)』「목민심서(牧民心書)」|

벼슬아치가 지켜야 할 세 글자의 요체가 있다.

하나는 맑음이다. 둘은 삼감이다. 셋은 부지런함이다.

政要云。居官有三字玄訣。
정요운, 거관유삼자현결.

一曰淸。二曰愼。三曰勤。
일왈청, 이왈신, 삼왈근.

다산이 남긴 이 세 단어는 삶의 기준을 실천으로 이어가기 위한 조건을 말해 준다. '맑음'은 이해관계나 감정에 흐려지지 않고, 판단의 바탕을 분명히 하는 일이다. '삼감'은 충분한 근거와 절차를 살펴 성급한 결정을 멈추는 내면의 제동이고, '부지런함'은 결심이 흩어지지 않도록 반복과 실천으로 이어가는 힘이다. 무엇을 위해 판단하는지 먼저 마음을 가라앉히고, 사실과 규범을 충분히 살핀 뒤, 작고 단순한 실천을 이어갈 수 있을 때, 스스로 정한 원칙도 일상 속에서 오래 유지될 수 있다.

오늘의 생각 | 오늘 필사를 하면서 느낀 점이나 떠오른 생각을 적어보세요.

| 열다섯. | 여유당전서 제5집 제17권, 『정법집(政法集)』「목민심서(牧民心書)」|

연회와 유흥을 좇는 일은

백성을 진정 기쁘게 하지 못한다.

가장 좋은 것은 단정히 머물고 경거망동하지 않는 것이다.

燕游般樂,
연 유 반 락,

匪民攸悅.
비 민 유 열,

莫如端居而不動也。
막 여 단 거 이 부 동 야

자극과 소란을 줄이고 차분히 머무는 시간이 많아질수록, 생각은 중심을 잡고 판단의 기준도 흐려지지 않는다. 무심코 내뱉는 약속이나 잦은 들뜸을 줄이고, 조용한 시간과 공간을 마련해두면 결정은 속도에 쫓기지 않고 방향을 따라 움직이게 된다. 마음이 자주 흐트러지지 않고 일정한 자리로 돌아오는 습관이 쌓이면, 스스로 세운 기준이 쉽게 흔들리지 않는다.

오늘의 생각 | 오늘 필사를 하면서 느낀 점이나 떠오른 생각을 적어보세요.

열여섯. 여유당전서 제1집 제21권, 『시문집(詩文集)』 서(書) 「답연아(答淵兒)」

천하에는 두 가지 큰 저울이 있다. 하나는 옳고 그름의 저울이고,
하나는 이익과 해로움의 저울이다.
이 두 저울에서 네 등급이 갈라진다.
옳음을 지켜 이익을 얻는 것이 가장 높고,
그다음은 옳음을 지키다 손해를 입는 것이다.
그다음은 그름을 좇아 이익을 얻는 것이며,
가장 낮은 것은 그름을 따르다 해를 입는 것이다.

天下有兩大衡, 一是非之衡, 一利害之衡也。
천 하 유 량 대 형. 일 시 비 지 형. 일 리 해 지 형 야.

於此兩大衡, 生出四大級。
어 차 량 대 형, 생 출 사 대 급.

凡守是而獲利者太上也, 其次守是而取害也,
범 수 시 이 획 리 자 태 상 야.   기 차 수 시 이 취 해 야.

其次趨非而獲利也, 最下者趨非而取害也。
기 차 추 비 이 획 리 야.   최 하 자 추 비 이 취 해 야.

이 글은 삶에서 무엇을 앞세울지를 정하는 문제를 다룬다. 세상살이에는 옳고 그름을 재는 저울과 손익을 따지는 저울이 따로 있지만, 다산은 언제나 옳음을 기준으로 삼아야 한다고 본다. 당장의 이익이 없더라도 원칙을 따르는 쪽을 먼저 생각하고, 옳지 않은 일을 통해 얻는 이익은 뒤로 미룬다. 원칙이 분명하면 선택은 복잡하지 않고, 그 단순함은 흔들림을 줄인다. 그렇게 쌓인 태도가 결국 신뢰를 낳고, 오래 가는 성과로 이어진다. 삶의 원칙은 무엇을 계산할지 결정해 주는 틀에 가깝다. 그리고 그 틀을 지키려는 자세가 삶의 방향을 정돈해 준다.

오늘의 생각 | 오늘 필사를 하면서 느낀 점이나 떠오른 생각을 적어보세요.

| 열일곱 | 여유당전서 제1집 제1권, 『시문집(詩文集)』 부(賦) 「석지부(惜志賦)」

의는 비록 검게 칠해진다 한들 물들지 않는다.
사람들이 내게 때가 씌어 씻기 어렵다 말할지라도.

義雖緇而不涅兮。
의 수 자 이 불 녈 혜.

謂吾浣其難雪。
위 오 완 기 난 설.

이 구절에서 '검게 칠해진 것'은 옳고 그름이 섞인 비난이나 압력을 뜻하며, '물들지 않은 것'은 끝까지 지켜야 할 내적인 원칙을 가리킨다. 삶의 원칙은 상황이 복잡하게 움직일수록 판단을 멈추게 하고 방향을 다시 잡아주는 역할을 한다. 그날의 성과나 평판과 관계없이, 옳다고 여긴 방향을 고수할 때 판단은 조금씩 일관성을 갖게 된다.

오늘의 생각 | 오늘 필사를 하면서 느낀 점이나 떠오른 생각을 적어보세요.

| 열여덟. | 여유당전서 제5집 제17권, 『정법집(政法集)』「목민심서(牧民心書)」 |

집안일과 바깥일에 절도가 있어야 한다.
의관을 단정히 하고, 사람을 대할 때는 장중해야 한다.
이것이 예로부터의 바른 길이다.

興居有節。
여 거 유 절.

冠帶整飭, 莅民以莊。
관 대 정 칙, 이 민 이 장.

古之道也。
고 지 도 야.

표정, 몸가짐, 말투처럼 겉으로 드러나는 태도를 가다듬으면 마음의 중심도 함께 조정된다. 하루를 시작할 때 주변을 정돈하고, 사람을 대하는 순간에 장중함을 지키는 최소한의 의식을 더하면, 감정이나 이해관계가 흔들리는 상황에서도 스스로 정해 둔 원칙이 쉽게 흐려지지 않는다. 그렇게 반복되는 작은 태도가, 하루의 흐름을 일정한 방향으로 이끌어 준다.

오늘의 생각 | 오늘 필사를 하면서 느낀 점이나 떠오른 생각을 적어보세요.

열아홉.

여유당전서 제1집 제18권, 『시문집(詩文集)』 가계(家誡)

선비의 마음가짐은 비 갠 뒤의 맑은 바람과 밝은 달 같아 털끝만 한 그늘도 없어야 한다. 하늘과 사람 앞에 부끄러운 일은 아예 단호히 범하지 말라. 그러면 마음이 넓어지고 기운이 충만해진다.

비록 옷감 한 자, 돈 한 푼의 사소한 일일지라도 양심을 저버리는 순간 이미 그 기운이 꺾이고 무너진다. 이것은 사람과 귀신이 갈라지는 갈림길이니 깊이 경계하라.

士大夫心事, 當如光風霽月, 無纖毫菑翳。
사 대 부 심 사, 당 여 광 풍 제 월, 무 섬 호 재 예.

凡愧天怍人之事, 截然不犯,
범 괴 천 작 인 지 사, 절 연 불 범,

自然心廣體胖, 有浩然之氣。
자 연 심 광 체 반, 유 호 연 지 기.

若於尺布銖貨, 瞥有負心之事,
약 어 척 포 수 화, 별 유 부 심 지 사,

即是氣餒敗。此人鬼關頭, 汝等切戒之。
즉 시 기 위 패. 차 인 귀 관 두, 여 등 절 계 지.

다산은 아주 작은 이익 앞에서도 마음이 잠시 길을 잃는 것은 아닌지 스스로 살폈다. 그런 사소한 어긋남이 모여 인생의 방향을 흐릴 수 있다고 믿었기 때문이다. 매 순간 선택하기 전, 이 길이 나 자신에게 부끄럽지 않은 길인지 먼저 물어야 한다. 그럴 때 삶의 잣대는 다른 누군가의 시선이 아닌 오롯이 나의 책임 위에 놓이게 된다. 그렇게 지켜낸 투명한 마음은, 훗날 어떤 흔들림 속에서도 나를 지탱해주는 단단한 기둥이 된다.

오늘의 생각 | 오늘 필사를 하면서 느낀 점이나 떠오른 생각을 적어보세요.

스물

여유당전서 제1집 제18권, 『시문집(詩文集)』 가계(家誡)

우리 집안은 예로부터 붕당에 얽히지 않았다. 더구나 내가 환난을 겪은 뒤로는 옛 지인들에게서까지 물에 빠진 사람에게 돌을 던지듯 모질게 당했다. 너희는 이 말을 폐부에 새기고 당파적이고 사사로운 마음을 아프게 씻어 내야 한다.

吾家自先世不涉朋黨,
오 가 자 선 세 불 섭 붕 당,

況自屯邅, 苦遭知舊推淵下石,
황 자 둔 전, 고 조 지 구 추 연 하 석,

汝等銘肺, 痛滌黨私之心。
여 등 명 폐, 통 척 당 사 지 심.

다산은 어느 당파에도 속하지 않는 자세를 오랜 원칙으로 삼았다. 그는 가장 혹독한 시련의 한복판에서 믿었던 벗들마저 등을 돌려 새겨진 깊은 상처를 되새겼다. 그리하여 자손들에게, 무리 지어 사사로운 이익을 좇는 길에는 결코 들어서지 말 것을 간곡히 당부했다. 이는 사람 사이의 득실을 헤아리기에 앞서, 공과 사를 구분하는 원칙을 먼저 규정하라는 가르침이었다. 학문을 하든 세상을 논하든, 사사로운 감정으로 어느 한쪽으로 기울어지지 않으려는 굳은 원칙은 다산의 그러한 경험에서 비롯되었다.

오늘의 생각 | 오늘 필사를 하면서 느낀 점이나 떠오른 생각을 적어보세요.

제6부 세상을 경영할 제도를 설계하다

經世設制

경세설제

하나. 여유당전서 제1집 제16권, 『시문집(詩文集)』「자찬묘지명(自撰墓誌銘)」

경세란 무엇인가.

관제와 군현의 제도, 토지 제도, 부역, 공시, 창고와 비축, 군제, 과제, 해세와 상세, 마정, 선법, 나라를 경영하는 제도들을 아울러, 시류의 쓰임에 매이지 않고 경을 세우고 기강을 편다는 뜻으로, 우리의 옛 나라를 새롭게 하고자 함이다.

經世者, 何也?
경세자, 하야?

官制、郡縣之制、田制、賦役、貢市、
관제, 군현지제, 전제, 부역, 공시,

倉儲、軍制、科制、海稅、
창저, 군제, 과제, 해세,

商稅、馬政、船法、營國之制,
상세, 마정, 선법, 영국지제,

不拘時用, 立經陳紀, 思以新我之舊邦也。
불구시용, 입경진기, 사이신아지구방야.

다산이 말한 경세(經世)란 사람, 땅, 자원, 방위 등 제도의 모든 요소를 조화롭게 엮어내는 일이다. 이를 위해 가장 먼저 명확한 기준을 세우고, 그 기준을 근간으로 전체의 기강과 체계를 바로 세워야 했다. 이는 개인의 삶이든 국가의 운영이든 그 규모와 상관없이 동일하게 적용되는 원칙이었다. 무엇을 핵심 가치로 삼을 지 정한 뒤, 그 가치를 중심으로 역할과 공간, 자원의 배치를 일관되게 구성하는 것이다. 이러한 설계가 명확할 때 비로소 하나의 완성된 제도로 자리 잡을 수 있었다. 이렇게 세워진 제도는 시간이 흘러도 쉽게 흔들리지 않는 지속성을 지닌다.

오늘의 생각 | 오늘 필사를 하면서 느낀 점이나 떠오른 생각을 적어보세요.

둘. 여유당전서 제5집 제16권, 『정법집(政法集)』「목민심서(牧民心書)」

무릇 규정이 있으면

반드시 먼저 대중에게 고시하여

모두 알게 하라

뒤에 몰래 더하지 말라

남을 빠뜨리는 도구로 삼지 말라

凡有章程,
범유장정,

必先榜示於衆,
필선방시오중,

使人共知,
사인공지,

毋陰加於後,
무음가어후,

以爲陷人之具。
이위함인지구.

다산은 제도를 만들 때, 먼저 그 내용을 백성에게 알리는 일을 중요하게 여겼다. 정해진 규정을 미리 공개하고, 이후에 임의로 덧붙이지 않는 것이 제도를 운영하는 바른 태도라고 본다. 이는 제도가 사람을 빠뜨리는 장치가 되지 않도록 하기 위한 것이다. 다산에게 제도란 누구나 미리 알고 따를 수 있어야 하는 공적인 약속에 가까웠다. 규칙이 마련되었다면 그것을 숨기지 않고 널리 알리고, 이후에는 쉽게 바꾸지 않아야 백성도 그 흐름을 따라갈 수 있다. 그래야 혼란이 줄고, 삶의 준비 또한 가능해진다. 다산은 이렇게 제도의 내용을 미리 밝히고, 그에 따라 각자가 대비할 수 있도록 함으로써, 뜻하지 않은 불이익에 빠지는 일이 없도록 하고자 했다.

오늘의 생각 | 오늘 필사를 하면서 느낀 점이나 떠오른 생각을 적어보세요.

| 셋. | 여유당전서 제5집 제16권, 『정법집(政法集)』「목민심서(牧民心書)」|

무릇 관원의 일은 공사를 먼저 하고 사사를 뒤로 한다.

공무를 마친 뒤에야 사사로이 미친다.

사사로움으로 공무를 해치지 말아야 한다.

凡官, 先公後私。
범관, 선공후사.

公事畢, 乃及私事。
공사필, 내급사사.

不以私害公。
불이사가공.

이 구절에서 말하는 '공'은 법과 공익을, '사'는 개인의 이해관계나 정분을 가리킨다. 그는 공적인 일을 먼저 마무리한 뒤에야 사적인 일을 다루도록 하여, 사사로운 감정이나 욕심이 판단과 집행에 영향을 주지 않도록 했다. 다산에 의하면 공적인 일을 앞에 두고, 공무가 끝난 이후에만 사적인 일을 다루며, 어떤 경우에도 사적인 이유로 공무를 해치지 않아야 한다. 이러한 질서를 유지할 때, 관청의 명분과 신뢰도 함께 지켜질 수 있다.

오늘의 생각 | 오늘 필사를 하면서 느낀 점이나 떠오른 생각을 적어보세요.

| 넷. | 여유당전서 제5집 제7권, 『정법집(政法集)』「경세유표(經世遺表)」 |

군현의 등급을 정하되, 백성의 호수와 전결을 표준으로 삼는다.
장부를 조목별로 정리하고 해마다 고과를 기한하여,
위아래의 책임이 각각 돌아가게 한다.

定郡縣之等第,
정군현지등제,

以民戶田結爲率。
이민호전결위율.

條其籍帳, 期其歲考, 使上下之責各有所歸。
조기적장, 기기세고, 사상하지책각유소귀.

다산은 균형 잡힌 조세 제도가 계량 가능한 토대에서 비롯되어야 한다고 보았다. 가구의 수를 파악하여 호수(戶數)를 정하고, 토지의 과세 면적 단위인 결(結)을 확립하는 것이 그 시작이었다. 그는 이 두 가지를 객관적인 표준으로 삼아 조세 등급을 결정했다. 또한, 장부를 조목별로 정리하여 상호 대조가 가능하게 했고, 연간 평가는 기한을 정해 정기적으로 반복해야 한다고 주장했다. 이는 위아래의 책임이 각자에게 돌아가게 해야 한다는 원칙의 구현이었다. 기록과 평가를 통해 책임의 주체가 분명해진다는 뜻이다. 다산은 이처럼 자의적인 판단의 여지를 줄이고, 정확한 자료에 근거한 통치가 이루어지도록 제도의 틀을 세웠다.

오늘의 생각 | 오늘 필사를 하면서 느낀 점이나 떠오른 생각을 적어보세요.

다섯. 여유당전서 제5집 제13권, 『정법집(政法集)』「경세유표(經世遺表)」

서울 관원과 지방 관원은 모두 해가 끝나면 자신의 성과를 아뢴다.

입춘 날에 그 성과를 평가하여 널리 반포한다.

주례에 이르기를 모든 관리는 해가 끝나면 공적을 살핀다고 하였다.

京官外官皆於歲終奏績,
경 관 외 관 개 어 세 종 주 적,

立春之日考績以頒之。
입 춘 지 일 고 적 이 반 지.

周禮百官群吏, 皆歲終則考功。
주 례 백 관 군 리, 개 세 종 즉 고 공.

다산은 때를 정해 공과(功過)를 살피고 이를 밝히는 절차가 행정의 신뢰를 높인다고 보았다. 성과가 절차에 기반한 평가를 거쳐 드러나면, 공(功)은 공대로 드러나고 과(過)는 과대로 밝혀져 자연히 바로잡을 방도가 생긴다. 이렇듯 정해진 법도(法度)가 흔들림이 없으면, 일을 행하는 이의 마음 또한 어지러워지지 않는다. 이는 한 개인의 수양(修養)에도 다르지 않다. 주기적으로 행한 바를 기록하고 스스로의 원칙에 비추어 되돌아보는 공부는 사리에 대한 판단을 더욱 밝혀준다. 나아가 앞으로 나아갈 길을 정하는 데 중요한 척도가 되어준다.

오늘의 생각 | 오늘 필사를 하면서 느낀 점이나 떠오른 생각을 적어보세요.

여섯. 여유당전서 제5집 제17권, 『정법집(政法集)』「목민심서(牧民心書)」

무릇 문서는 받은 날과 보낸 날을 반드시 기록하고,
차례대로 엮어 두어 뒤에 점검할 수 있게 하라.
지체하면 책임을 묻는다.

凡案牒, 必錄受發之日,
범안첩, 필록수발지일,

次第編次, 以備稽考。
차제편차, 이비계고.

遲滯者坐。
지체자좌.

다산은 행정의 옳고 그름을 기록을 통해 살폈다. 날짜를 기록하면 사건의 전후를 파악할 수 있고, 순서에 따라 내용을 엮으면 책임의 소재와 흐름을 알 수 있었다. 문서는 언제 받았고 언제 보냈는지가 분명해야 하며, 훗날 다시 찾아볼 수 있도록 차례대로 정돈되어야 했다. 지체된 일에 책임을 묻는 것 또한 사람을 벌주려는 목적보다, 공적인 절차가 무너지지 않도록 하려는 조치에 가까웠다. 이처럼 사실을 빠짐없이 담은 기록 체계를 갖추면, 사사로운 해석이나 구실이 끼어들 여지가 줄어든다. 이를 통해 더 안정된 판단이 가능해지는 것이다.

오늘의 생각 | 오늘 필사를 하면서 느낀 점이나 떠오른 생각을 적어보세요.

일곱. 여유당전서 제1집 제8권, 『시문집(詩文集)』 대책(對策) 「지리책(地理策)」

한나라가 천하를 정돈할 때에는 먼저 도서와 장부를 거두었고,
당나라가 일통을 모을 때에는 이를 고도라 하였다.
역대 사가들은 모두 지리를 기록하여,
강역을 분명히 하고 물산을 고찰하고자 했다.
천하를 다스리는 것은 집안을 다스리는 것과 같으니,
이렇게 하지 못하면 규범을 정하고 명령을 시행하여
정무를 통하게 할 수 없다.

漢定天下, 先收圖籍。
한정천하, 선수도적.
唐集一統, 厥稱考圖。
당집일통, 궐칭고도.
歷代史家, 各志地理, 必欲辨其方域考其物産。
역대사가, 각지지리, 필욕변기방역고기물산.
御天下者, 如御一家。
어천하자, 여어일가.
苟不能然, 無以定規橅施號令,
구불능연, 무이정규모시호령,
而條達一王之治理。
이조달일왕지치리.

다산은 기록이 명확하지 않으면 명령이나 제도가 제대로 작동하기 어렵다고 보았다. 지리나 물산 같은 기본 정보가 막연한 말이나 인상에 의존해서는, 통치의 기준 또한 힘을 가질 수 없기 때문이다. 제도는 현실을 반영할 때에만 효력을 내고, 명령은 그 기반 위에서 설득력을 얻는다. 이를 위한 실천 방법으로 다산은 세 가지를 제시했다. 첫째, 지역의 경계와 범위를 명확히 하기위해 지도들을 모아 전체 지형을 구체적으로 파악한다. 둘째, 인구와 토지, 재정과 물산을 일정한 형식에 따라 기록하여 빠짐없이 항목별로 정리한다. 셋째, 이렇게 확인된 사실을 바탕으로 규범을 만들고, 실행 방식과 책임 주체까지 함께 정한다. 이처럼 현실에 깊이 뿌리내린 제도만이 안정적으로 작동할 수 있다는 판단이었다.

오늘의 생각 | 오늘 필사를 하면서 느낀 점이나 떠오른 생각을 적어보세요.

여덟. 여유당전서 제5집 제17권, 『정법집(政法集)』「목민심서(牧民心書)」

백성을 잘 맡으려면 먼저 사랑이 있어야 한다
사랑하려면 반드시 청렴해야 하고
청렴하려면 반드시 절약해야 하니
절약은 목민의 첫째 임무다
절이란 제한함이니
제한하여 다스리려면 반드시 법식이 있어야 한다
그 법식이 곧 절약의 근본이다

善爲牧者必慈, 欲慈者必廉,
선위목자필자, 욕자자필렴,

欲廉者必約, 節用者, 牧之首務也。
욕렴자필약, 절용자, 목지수무야.

節者, 限制也, 限以制之, 必有式焉。
절자, 한제야, 한이제지, 필유식언.

式也者, 節用之本也。
식야자, 절용지본야.

다산은 목민관이 갖추어야 할 덕목의 순서를 제시한다. 백성을 아끼는 마음인 애민(愛民)은 사사로운 이익을 끊는 청렴에서 힘을 얻고, 청렴은 불필요한 지출을 미리 막는 절약이라는 규범을 통해 지켜질 수 있다.
이때 다산이 말한 절약이란 지출의 한도와 방식을 미리 정해두고 그에 따라 운영하는 하나의 법식(法式)이었다. 이처럼 정해진 한도를 기준으로 삼아 집행을 관리하면, 사적인 이해가 끼어들 틈은 줄어들고 공적인 살림살이는 흐트러지지 않는다. 다산이 강조한 절용(節用)은 곧 재정과 행정을 바로 세우는 실천의 원칙이었던 것이다.

오늘의 생각 | 오늘 필사를 하면서 느낀 점이나 떠오른 생각을 적어보세요.

아홉. 여유당전서 제5집 제17권, 『정법집(政法集)』「목민심서(牧民心書)」

고을을 다스리는 요결에 이르기를,
벼슬살이의 요체는 오직 경외에 있다.
의를 두려워하고, 법을 두려워하고,
윗사람을 두려워하고, 백성을 두려워하라.
마음에 항상 경외를 간직하여,
방자하지 않으면,
그로써 허물을 적게 할 수 있다.

治縣訣云。
치 현 결 운.

居官之要, 畏一字而已。
거 관 지 요, 외 일 자 이 이.

畏義, 畏法, 畏上官, 畏小民。
외 의, 외 법, 외 상 관, 외 소 민.

心常存畏, 無或恣肆,
심 상 존 외, 무 혹 자 사,

斯可以寡過矣。
사 가 이 과 의.

다산은 목민관이 고을을 다스리는 가장 중요한 원리로 경외(敬畏)를 꼽았다. 벼슬살이의 모든 요체는 공경하고 두려워하는 이 마음에 있다는 것이다. 그가 말한 경외에는 네 가지 대상이 있다. 첫째, 의(義)를 두려워함은 사사로운 이익 앞에서 스스로를 바로 세우는 내면의 규율을 뜻한다. 둘째, 법(法)을 두려워함은 나라의 정해진 법도를 지켜 절차를 어기지 않는 외면의 원칙이다. 셋째로 윗사람을 두려워하여 조직의 위계를 존중하고, 마지막으로 백성을 두려워하여 그들의 고통과 원망을 언제나 살펴야 함을 강조한다. 다산은 이 네 가지 경외를 마음에 항상 간직하여 방자함, 즉 제멋대로인 마음을 경계해야 한다고 말한다. 이러한 수신의 자세가 갖추어질 때, 목민관으로서 저지를 수 있는 허물이 자연히 줄어든다는 것이 다산이 말한 경외의 참뜻이다.

오늘의 생각 | 오늘 필사를 하면서 느낀 점이나 떠오른 생각을 적어보세요.

열. 여유당전서(與猶堂全書) 제1집 제10권, 〈원정(原政)〉, 정약용

정치란 곧 바르게 함이다.
백성을 고르게 함이다.
이를 위하여 배와 수레를 마련하고 도량형을 삼가 바로잡으며,
재화의 교역을 이루고 있는 것과 없는 것의 통함을 도모하여,
그렇게 바르게 하는 것을 정치라 이른다.

政也者, 正也。
정 야 자, 정 야.

均吾民也,
균 오 민 야,

爲之作舟車, 謹權量,
위 지 작 주 차, 근 권 량,

遷其貨易, 通其有無,
천 기 화 역, 통 기 유 무,

以正之, 謂之政。
이 정 지, 위 지 정.

다산에게 정치(政治)란 글자 그대로 바르게(正) 하는 것이었다. 여기서 '바르게 한다'는 것은 백성을 고르게(均) 만드는 구체적인 행위를 뜻했다. 백성을 고르게 한다는 것은 모든 사람을 똑같이 만드는 것이 아니다. 대신 사회의 막힌 곳을 트고 기울어진 곳을 바로잡아, 그들의 삶에 부당한 격차가 생기지 않도록 하는 일이다. 다산은 이를 위한 방법으로 세 가지를 제시한다. 첫째, 배와 수레를 마련하는 것은 물자의 원활한 유통을, 둘째, 도량형(度量衡)을 바로잡는 것은 상거래의 공정한 기준을 의미한다. 셋째, 재화의 교역을 이루는 것은 가진 자와 없는 자가 서로 통하여 부족함을 채우도록 하는 것이다. 이처럼 실질적인 제도를 통해 사회를 고르고 바르게 만드는 것이 다산이 말한 정치의 역할이다.

오늘의 생각 | 오늘 필사를 하면서 느낀 점이나 떠오른 생각을 적어보세요.

| 열하나. | 여유당전서 제5집 제17권, 『정법집(政法集)』「목민심서(牧民心書)」|

공문이 지체되면

반드시 윗자리의 독촉과 문책을 당하니

이는 공무를 수행하는 바른 도리가 아니다.

文牒稽滯,
문 첩 계 체
必遭上司督責,
필 조 상 사 독 책
非所以奉公之道也。
비 소 이 봉 공 지 도 야

다산은 공문서(公文書)의 지체를 엄히 경계했다. 공문이란 나라의 일이 흘러가는 통로이기 때문이다. 하나의 문서가 막히면 연쇄적으로 관련된 모든 업무가 지체되고, 이는 결국 행정 전체의 비효율로 이어진다. 윗사람의 독촉과 문책은 이러한 막힘을 억지로 뚫으려는 행위이다. 다산은 이처럼 일이 막힌 뒤에 책망을 듣는 것은 이미 때가 늦은 것이며, 공무를 수행하는 바른 자세가 아니라고 보았다. 바른 도리란 문책을 피하는 소극적인 태도가 아니라, 나라의 일이 막힘없이 흐르도록 미리 살피고 정돈하는 능동적인 자세를 의미하는 것이다.

오늘의 생각 | 오늘 필사를 하면서 느낀 점이나 떠오른 생각을 적어보세요.

열둘. 　여유당전서(與猶堂全書) 제1집 제10권, 〈용인이재설(用人理財說)〉

대학에서는 사람을 쓰는 법과 재정을 다스리는 길을 극진히 논하고 거듭 강조한다. 이 두 가지가 나라를 잘 다스려 평안하게 하는 큰 줄기임은 곧 알 수 있다.

極論用人理財之道,
극론용인이재지도,

反覆不已,
반복불이,

二者之爲治平之大綱,
이자지위치평지대강,

居可知矣。
거가지의.

다산은 경전인 『대학(大學)』의 가르침을 빌려, 나라를 다스리는 두 가지 큰 기둥을 제시한다. 그 첫째는 사람을 쓰는 법(用人之法)이며, 둘째는 재정을 다스리는 길(理財之道)이다. 사람을 쓰는 법이란, 어진 인재를 알아보고 적재적소에 등용하여 각자의 역할을 다하게 하는 인사(人事)의 원칙을 의미한다. 재정을 다스리는 길은 나라의 살림을 안정시키고 백성의 부담을 덜어주는 재화(財貨)의 원리이다. 다산은 이 두 가지가 바로 나라를 평안하게 하는 가장 근본적인 줄기라고 보았다. 올바른 인재가 제자리를 찾고 나라의 재정이 튼튼할 때 비로소 다른 모든 정책이 의미를 가지며, 국가의 기틀이 바로 설 수 있다는 뜻이다.

오늘의 생각 | 오늘 필사를 하면서 느낀 점이나 떠오른 생각을 적어보세요.

열셋 │ 여유당전서 제5집 제17권, 『정법집(政法集)』「목민심서(牧民心書)」

호적이란, 모든 조세의 근원이요 온갖 부역의 근본이다.
호적이 고르게 된 뒤에야, 조세와 부역이 고르게 된다.
호적에는 두 가지 법이 있으니,
하나는 엄정히 대조하는 핵법이고,
하나는 느슨히 처리하는 관법이다.
핵법이란,
한 사람도 구두에서 빠짐이 없고,
한 집도 호적에서 누락이 없게 하는 것이다.

戶籍者, 諸賦之源。 衆徭之本。
호적자, 제부지원. 중요지본.
戶籍均而後。 賦役均。
호적균이후. 부역균.
戶籍有二法。
호적유이법.
一是覈法。
일시핵법.
一是寬法。
일시관법.
覈法者。
핵법자.
一口無漏於口簿。
일구무루어구부.
一戶無落於戶籍。
일호무락어호적.

다산은 국가 재정의 시작과 끝을 호적(戶籍)에서 찾았다. 호적은 모든 조세와 부역을 부과하는 기준이므로, 이 장부가 공정해야만 백성의 부담 또한 고르게 될 수 있었다. 그는 한 사람, 한 집도 빠뜨리지 않는 엄격한 핵법(覈法)을 통해, 나라의 근간인 조세 제도의 공정성을 확보하고자 했다.

오늘의 생각 | 오늘 필사를 하면서 느낀 점이나 떠오른 생각을 적어보세요.

열넷   여유당전서 제5집 제17권, 『정법집(政法集)』「목민심서(牧民心書)」

상납의 장, 기송의 장, 지회의 장, 도부의 장이 있다.
이 네 부문은 아전에게 관례대로 맡겨 보낼 수 있다.
공물·세포·군전·군포 따위를 기한에 봉하여 올리는 것을 상납이라 한다.
장인과 번군, 죄수와 각종 역부를 명령에 따라 풀어 보내는 것을 기송이라 한다.
조정의 조유를 곧바로 반포하는 것을 지회라 한다.
상사의 관문, 곧 관지라 부르는 것을 어느 날 영수하는 것을 도부라 한다.
이러한 보고 문서는 한 벌을 서리에게 맡겨도 해가 없다.

上納之狀。起送之狀。知會之狀。到付之狀。吏自循例付之可也。
상납지상, 기송지상, 지회지상, 도부지상, 이자순례부지가야.

貢物稅布軍錢軍布之等。及期封進曰上納也。匠手番軍囚徒員役之等。
공물세포군전군포지등, 급기봉진왈상납야. 장수번군수도원역지등.

奉令解遣曰起送也。朝廷詔諭。卽時頒布曰知會也。上司飛檄。
봉령해견왈기송야. 조정조유, 즉시반포왈지회야. 상사비격,

東俗云關子。某日領受曰到付也。凡此報狀。一付吏手。亦無害也。
동속운관자, 모일영수왈도부야. 범차보상, 일부이수, 역무해야.

다산은 공문서의 종류를 상납(上納), 기송(起送), 지회(知會), 도부(到付) 네 가지로 나누어 그 쓰임과 형식을 명확히 했다. 이렇게 문서의 성격을 분명히 구분한 것은, 행정의 모든 절차를 투명하고 체계적으로 만들려는 의도였다. 그는 이처럼 명확한 규정에 따라 작성된 문서는 아전(衙前)에게 한 벌 맡겨도 문제가 없다고 말한다. 이는 곧 모든 업무가 개인의 자의적인 판단이 아닌, 정해진 법식에 따라 처리되어야 함을 의미한다. 잘 갖추어진 제도는 누가 일을 처리하든 그 결과가 달라지지 않으며, 이것이 다산이 추구한 공정한 행정의 기본 원칙이었다.

오늘의 생각 | 오늘 필사를 하면서 느낀 점이나 떠오른 생각을 적어보세요.

열다섯. 여유당전서 제1집 제24권, 『잡찬집(雜纂集)』 「아언각비(雅言覺非)」

다섯 집을 한 비로 삼고

다섯 비를 한 여로 삼고

네 여를 한 족으로 삼고

다섯 족을 한 당으로 삼고

다섯 당을 한 주로 삼고

다섯 주를 한 향으로 삼는다

五家爲比,
오 가 위 비.

五比爲閭,
오 비 위 려.

四閭爲族,
사 려 위 족.

五族爲黨,
오 족 위 당.

五黨爲州,
오 당 위 주.

五州爲鄕。
오 주 위 향.

다산은 다섯 가구를 가장 작은 공동체 단위인 비(比)로 묶는 것에서부터 시작하여, 점차 여(閭), 족(族), 당(黨), 주(州), 향(鄕)으로 조직을 확대하는 방안을 제시한다. 이 제도의 본질은 가장 작은 단위인 다섯 가구부터 서로의 삶을 살피고 도우며 공동의 책임을 지게 하는 것이다. 이러한 상호부조와 연대의 원리가 점차 큰 단위로 확장될 때, 나라는 비로소 안정된 공동체로서 바로 설 수 있다는 것이 다산의 생각이었다. 이는 풀뿌리 조직에서부터 국가의 기강을 세우고자 한 그의 통치 철학을 보여준다.

오늘의 생각 | 오늘 필사를 하면서 느낀 점이나 떠오른 생각을 적어보세요.

| 열여섯. | 여유당전서 제2집 제6권, 『경집(經集)』「맹자요의(孟子要義)」. |

나라를 경영하는 자는 여러 문헌을 두루 취하여
그 가운데 형편을 저울질해 제도를 세우는 것이 옳다.
자잘한 수치가 맞지 않는다고 해서 폐물처럼 버릴 필요는 없다.

爲國家者, 通執諸文, 權其中而立制, 斯可矣。
위국가자, 통집제문, 권기중이립제, 사가의.

何必以數目之不合, 指之爲煨燼之棄物乎。
하필이수목지불합, 지지위회신지기물호.

다산은 나라를 다스리는 제도를 세울 때, 먼저 여러 문헌을 두루 살피는 것을 기본으로 삼았다. 이는 과거의 지혜와 기록을 충분히 참고하여 현재의 문제를 해결하려는 태도이다.
또한 그는 여러 지식 가운데에서 현실의 형편을 저울질하여 가장 알맞은 제도를 찾아야 한다고 보았다. 마지막으로, 제도의 큰 뜻이 옳다면 자잘한 수치가 맞지 않는 사소한 문제로 전체를 폐기해서는 안 된다고 경계했다. 이는 원칙의 큰 줄기를 지키되, 현실에 맞게 유연하게 적용하는 실용적인 자세를 강조한 것이다.

오늘의 생각 | 오늘 필사를 하면서 느낀 점이나 떠오른 생각을 적어보세요.

| 열일곱 | 여유당전서 제1집 제16권, 『시문집(詩文集)』 묘지명(墓誌銘).

정당을 세우고 관아를 수리하면서,
각 창고와 각 관청의 사례와 조목을 모두 버리고,
새로운 조례를 세워 시행하였다.
그전에는 비용이 늘 모자라 백성에게 거듭 거두었으나,
이때부터는 넉넉하여 남음이 있었다.
뒤에 부임한 수령이 이를 고치려 하자
아전과 백성이 모두 옳지 않다 하여 끝내 바꾸지 못하였다.

建政堂, 修公廨,
건정당, 수공해,
乃取諸庫諸廳事例節目, 悉毀棄之,
내취제고제청사례절목, 실훼기지,
新立條例以行之。
신립조례이행지。
先是費用每詘, 再斂民戶,
선시비용매출, 재렴민호,
自玆充羡有餘裕,
자자충선유여유,
後尹有欲改之者, 吏民皆執不可, 終不得。
후윤유욕개지자, 리민개집불가, 종부득。

다산은 이 대목에서 과감히 옛 사례와 조목을 모두 버리고 새로운 조례를 세웠던 일화를 소개한다. 그 결과는 명확했다. 이전에는 늘 재정이 부족하여 백성에게 추가로 세를 거두었지만, 새로운 제도 아래에서는 재물이 넉넉하여 남음이 있었다. 이 개혁이 진정으로 성공했음은 그 이후의 일에서 드러난다. 새로 부임한 수령이 예전 방식으로 되돌리려 하자, 아전과 백성이 한마음으로 반대하여 끝내 바꾸지 못했던 것이다. 이는 백성을 이롭게 하는 제도는 스스로 생명력을 얻어, 관의 힘만으로는 쉽게 흔들 수 없게 됨을 보여준다. 제도의 진정한 힘은 그것을 따르는 사람들의 지지와 신뢰에서 비롯된다는 뜻이다.

오늘의 생각 | 오늘 필사를 하면서 느낀 점이나 떠오른 생각을 적어보세요.

열여덟.

여유당전서 제1집 제10권, 『시문집(詩文集)』 원(原) 「원정(原政)」.

형벌로써 경계하고,
상으로써 권장하며,
죄와 공을 가려 바로잡는 것,
이를 정치라 한다.

爲之刑以懲,
위 지 형 이 징,

爲之賞以奬,
위 지 상 이 장,

別罪功以正之,
별 죄 공 이 정 지,

謂之政。
위 지 정.

다산은 정치를 상벌(賞罰)이라는 구체적인 수단을 통해 정의한다. 먼저 형벌(刑罰)은 백성에게 경각심을 주어 잘못된 길로 가지 않도록 경계하는 역할을 한다. 반대로 상(賞)은 백성의 선한 행위를 칭찬하고 널리 알려, 올바른 방향으로 나아가도록 권장하는 기능을 한다. 그러나 상과 벌을 내리는 것만으로는 부족하다. 다산은 이 둘을 운용하는 데 있어 가장 중요한 것이 죄와 공을 공정하게 가려내는 분별력이라고 말한다. 죄가 있는 곳에 벌이 있고 공이 있는 곳에 상이 있을 때, 비로소 백성은 나라를 신뢰하고 그 가르침을 따르게 된다. 이것이 다산이 말한 상벌을 통한 정치의 요체이다.

오늘의 생각 | 오늘 필사를 하면서 느낀 점이나 떠오른 생각을 적어보세요.

열아홉. 여유당전서 제1집 제10권, 『시문집(詩文集)』 원(原) 「원정(原政)」.

백성을 고르게 한다는 것은,
어리석은 자가 높은 자리에 올라 그 악을 퍼뜨리게 두지 않고,
어진 자가 아랫자리에 눌려 그 덕이 가려지게 두지 않는 것이다.
그러므로 파벌을 없애고 공도를 회복하며,
어진 이를 올리고 못난 이를 물러나게 하여 바로잡는 것,
이것이 정치다.

均吾民也,
균오민야,

何使之愚而處高位, 以播其惡,
하 사 지 우 이 처 고 위, 이 파 기 악,

何使之賢而詘於下, 以翳其德?
하 사 지 현 이 굴 어 하, 이 예 기 덕?

爲之祛朋黨恢公道, 進賢退不肖,
위 지 거 붕 당 회 공 도, 진 현 퇴 불 초,

以正之, 謂之政。
이 정 지, 위 지 정.

평등은 자리를 똑같이 나누는 일이 아니라, 능력과 덕을 공정하게 흐르게 하는 구조를 세우는 일이다. 이를 위해서는 평가와 임용이 친분과 파벌과 절연되어야 하고, 기준이 앞서 공개되어 일관되게 집행되어야 한다. 이렇게 설계된 장치는 조직의 신뢰를 축적한다.

오늘의 생각 | 오늘 필사를 하면서 느낀 점이나 떠오른 생각을 적어보세요.

| 스물 | 여유당전서 제1집 제10권, 『시문집(詩文集)』 원(原) 「원정(原政)」.

임금의 정사가 무너지면 백성이 곤궁해지고,
백성이 곤궁해지면 나라가 가난해진다.
나라가 가난해지면 조세와 거둠이 번거로워지고,
거둠이 번거로우면 민심이 떠나며,
민심이 떠나면 하늘의 명도 사라진다.
그러므로 급한 바는 정치를 바로 세우는 데 있다.

王政廢而百姓困,
왕 정 폐 이 백 성 곤,

百姓困而國貧,
백 성 곤 이 국 빈,

國貧而賦斂煩,
국 빈 이 부 렴 번,

賦斂煩而人心離,
부 렴 번 이 인 심 리,

人心離而天命去,
인 심 리 이 천 명 거,

故所急在政也。
고 소 급 재 정 야.

다산은 임금의 잘못된 정치(政事)가 어떻게 나라의 근간을 무너뜨리는지 그 과정을 단계적으로 보여준다. 시작은 임금 한 사람이지만, 그 결과는 연쇄적으로 번져나가 나라 전체를 위기로 몰아넣는다. 정사의 실패는 곧바로 백성의 곤궁함으로 이어지고, 이는 국가의 가난을 불러온다. 나라의 살림이 어려워지면 무리한 세금을 거두게 되고, 가혹한 수탈에 지친 민심은 결국 떠나게 된다. 다산은 민심이 떠난 나라는 하늘의 명, 즉 정당성마저 잃게 된다고 경고한다. 그러므로 나라를 다스리는 데 있어 가장 시급하고 중요한 일은 다른 어떤 것도 아닌, 정치 그 자체를 바로 세우는 것임을 역설하고 있다.

오늘의 생각 | 오늘 필사를 하면서 느낀 점이나 떠오른 생각을 적어보세요.

기록과 절차로 사실을 다져 현실을 고치는 다산의 사상

조선 후기는 여러 제도가 한꺼번에 흔들리던 시기였다. 왕권은 붕당의 대립을 누그러뜨리려 했지만 인사와 정책은 여전히 당파의 이해관계에 흔들렸다. 군역과 세금의 균형이 무너지면서 재정이 불안정해졌고, 지방 행정은 문서와 절차가 고르지 않아 같은 사안도 지역마다 판이하게 처리되었다. 상업과 화폐 유통은 빨라졌으나 오래된 특권과 관행이 시장 원리를 교란시켰다. 새로운 지식과 기술을 받아들여 실용을 중시하자는 목소리가 커지는 한편 낯선 사상을 둘러싼 긴장도 커졌다. 나라의 제도를 다시 설계해야 한다는 공감대는 있었지만 무엇을 먼저 고치고 어떤 순서로 진행할지에 대한 합의는 부족했다.

정조는 정책 연구 조직을 세우고 젊은 관료를 길러 대책을 세웠고, 그로 인해 행정과 군사와 공학을 결합한 대형 사업이 추진되었다. 이 과정에서 일의 순서와 책임, 기록과 점검의 중요성이 또렷해졌다. 설계와 공정 관리와 장치 운용을 문서로 표준화하지 않으면 비용과 시간이 쉽게 새어나갔고 작은 착오는 안전 문제로 번지곤 했다. 재정과 유통 구조를 손보는 개혁도 마찬가지였다. 제도의 취지를 명확히 하고 문서의 흐름을 확인해야 했다. 사실을 먼저 확인하고 공정한 기준으로 옳고 그름을 가른 뒤 실행할 순서를 정하고 근거와 결과를 남겨 다음 결정을 더 낫게 만드는 방식이 필요했다.

다산은 이 지점에서 자신의 공부를 시작했다. 듣고 아는 데서 멈추지 않고 확인 가능한 사실을 모으고 판단의 기준을 앞세우고 일을 항목별로 나누어 순서를 잡고 책임과 기한을 적어 실행으로 옮기는 습관을 만들었다. 이렇게 해서 일과 재정 집행을 정리하는 글이 나왔고, 관청의 기능과 문서 흐름과 책임의 귀속을 설계하는 글이 뒤를 이었다. 생명과 권리를 다루는 판단에서는 감정의 흔들림을 막기 위해 증거와 절차를 단계별로 세우는 원칙을 적었고, 지리와 공학 자료를 모으고 도면과 공정을 갖추어 현장을 기준으로 판단하는 방법을 마련했다.

이러한 정약용의 사유는 유배지에서 더욱 깊어지고 단단해졌다. 권력의 변화로 인해 삶 전체가 뒤흔들리는 상황을 겪으면서, 그는 인간과 제도가 얼마든지 오류를 범할 수 있다는 사실을 철저히 직시하게 되었다. 이 깨달음은 다산이 무엇에 기대어 세상을 고쳐야 할지를 명확히 하는 계기가 되었다. 그는 선언보다 설계를, 감정보다 절차를, 권위보다 기록을 앞세웠다.

그가 찾은 해답은 복잡한 이념이나 추상적 가치가 아니었다. 확인 가능한 사실, 간결한 기준, 예측 가능한 순서, 지속적인 점검이야말로 오류를 줄이고 현실을 바로잡는 길이라 보았다. 이러한 결론이 그의 공부법을 구성했고, 그 공부법은 제도 설계로 나아갔으며, 제도는 다시 공정의 원리를 실현하는 행정의 구조로 구체화되었다. 나아가 그는 모든 판단은 반드시 현실에서 검증되어야 한다는 실천적인 태도로 이 사유를 완성시켰다.

다산의 공부관: 배우고 익혀 실천으로 옮기는 구조

공부는 한 개인의 마음에서 시작되어 세상의 구조를 정비하는 실천으로 이어진다. 정약용은 삶의 무질서를 바로잡고, 사람 사이의 마찰과 제도의 어긋남을 해결할 수 있는 기초로 학문을 구성했다. 머릿속의 지식이 실제의 삶과 연결되어야 하며, 판단의 기준이 흐트러지지 않도록 세밀한 관찰과 점검이 뒤따라야 한다는 확고한 태도를 유지했다. 경험은 기록되고 구조화되어야 할 일로 여겼고, 이 구조가 판단의 기초가 되어야 한다는 흐름을 끝까지 놓지 않았다.

그의 공부는 언제나 실제의 문제에서 출발한다. 사람 사이에서 발생하는 갈등, 제도 속에서 반복되는 혼란, 잘못 쓰인 말이 만드는 왜곡된 상황을 하나의 전체로 바라보았다. 현실의 표면에 드러나는 사안이 아니라, 그 이면에 작동하는 구조를 읽어내려는 노력을 멈추지 않았다. 삶의 자리에 머물러 있던 감정과 기억, 규칙과 기록은 모두 더 나은 판단이 가능하도록 작용했다. 그 과정을 해체하고 다시 구성하는 과정이 곧 공부였으며, 여기에는 삶과 제도가 서로를 반영해야 한다는 필요가 늘 함께 있었다.

기록된 표현은 반드시 실제와 연결되어야 한다. 말이 어떤 대상을 가리킬 때, 그 지시가 현실 속에서 작동하는지를 살펴야 하며, 한 단어가 불러오는 효과와 그 뒷면의 구조를 함께 검토해야 한다. 정약용은 잘못된 표현이 제도의 흐름을 왜곡시킬 수 있다는 사실을 누구보다 명확하게 이해했고, 표현의 정확성이 판단과 제도 전체에 미치는 영향을 깊이 분석했다. 말은 생각의 껍질이 아니라 현실을 가로지르는 도구이며, 말의 질서가 곧 삶의 질서라는 인식이 그의 공부 전반을 관통한다.

또한 마음의 방향과 제도의 구조는 서로를 반사한다. 감정이 흘러가는 방향은 제도의 틀을 흔들고, 형식이 갖추어지지 않은 설계는 곧 마음의 흐름을 불안하게 만든다. 정약용은 이 둘을 분리하지 않았다. 마음을 조정하는 일이 곧 규칙을 설계하는 작업으로 이어지고, 규칙이 조율되는 과정에서 다시 마음의 질서가 회복된다. 이 반복의 움직임 속에서 공부는 한 사람의 수양과 한 사회의 질서를 동시에 형성하는 기획이 된다.

그러한 생각은 기록을 통해 외부로 옮겨진다. 그는 자신의 판단을 따라갈 수 있도록, 어떤 생각이 어디서 출발했으며 어떤 흐름을 거쳐 어떤 결론에 도달했는지를 꼼꼼히 남겼다. 이러한 구조가 쌓일수록 공부는 삶의 실제와 더욱 가까워진다. 이 구조는 한 사람의 공부에서 시작되며, 제도의 형식으로 이어지고, 사회 전체의 질서로 확장된다. 다산은 이 흐름을 따라 삶을 조직했고, 생각의 조밀함과 실행의 정확성 사이에 간극이 생기지 않도록 공부의 틀을 유지했다.

다산의 경세관: 제도와 기록으로 일을 움직이는 법

정약용은 일을 처리하는 과정을 체계적으로 구성하는 데 관심을 두었다. 하나의 행정 절차가 어디에서 시작되고 어떤 과정을 거쳐 마무리되는지, 그 경로를 따라 판단과 책임을 분배하는 방식에 주목했다. 문서는 사람의 손을 거쳐 이동하고, 판단의 기준은 그 문서의 구성 방식 속에서 드러난다. 일에는 출발점이 있고, 이어지는 단계들이 있으며, 마지막에는 결과를 정리하는 구간이 놓인다. 각 단계에는 판단과 승인, 이행과 검토가 포함되며, 모든 과정은 명확한 형식으로 남겨야 한다. 그는 제목, 요약, 이유, 판단, 시한, 담당의 순서를 고정된 형식으로 배열하고, 누구든 같은 기준으로 보고하고 설명할 수 있는 조건을 마련했다. 기준이 같아지면 오차는 줄어들고, 판단의 결과는 서로 비교할 수 있는 형태를 갖추게 된다.

이러한 설계는 구체적인 행정 분야에 적용된다. 재정은 금전이 움직이는 순서를 따라 구성하고, 그 과정에 기록을 덧붙여 처리의 경계를 정한다. 예산은 편성되고, 실행되며, 결과는 검토된다. 각 단계는 하나의 선으로 이어져야 하며, 그 사이마다 확인의 지점을 마련하면 판단의 누락이나 중복이 줄어든다. 인사에 있어서는 사람을 배치하는 기준을 역할과 책임에 따라 구체화하고, 민원은 응답의 시기와 방법을 사전에 정해 혼선을 줄인다. 공적인 일은 예외적인 해석에 따라 움직일 수 없으며, 형식과 기준이 앞서 있을 때 안정된 처리가 가능하다. 이때 작성 방식은 권한이 지나치게 흔들리는 것을 막는 장치로 기능한다. 한 사람의 판단이 제도를 흔들지 않게 하려면, 형식이 먼저 자리를 잡아야 한다.

지역 간의 기준 차이를 줄이는 것 또한 경세에 포함된다. 같은 종류의 일을 서로 다른 지역에서 다룰 때, 기준과 형식이 일치하면 판단의 수준이 맞춰진다. 일정한 형식으로 구성된 기록은 비교가 가능하고, 그 비교를 통해 우열이 드러난다. 뛰어난 사례는 기준을 풍부하게 만들고, 미흡한 사례는 기준의 약점을 드러낸다. 이러한 차이는 다음 계획을 조정할 수 있는 재료로 사용된다. 문서의 구조가 일정하게 유지되면 여러 사람이 하나의 기준 아래에서 판단할 수 있고, 내용과 표현 사이의 틈이 줄어든다. 말과 형식이 일치할 때, 제도는 자기 방향을 잃지 않는다. 기준을 반복해 확인하고 표현을 일정하게 유지하는 방식은, 정약용이 행정을 설계할 때 가장 먼저 고려한 조건 가운데 하나였다.

그가 구성한 경세의 틀은 판단의 예측성과 책임의 구획을 함께 정돈한다. 예측이 가능하면 사전에 이해관계가 정리되고, 책임이 분명하면 실행 이후의 혼란을 줄일 수 있다. 조사, 정리, 판단, 처리, 검토라는 일의 일련 과정이 제각각 떨어져 있지 않고, 서로 연결되어 움직이는 방식이 마련되어야 한다. 각각의 단계는 독립되어 있지 않고, 앞과 뒤의 판단과 결과를 반영하는 위치에 놓인다. 정약용은 이 과정 전반을 공부의 구조에서 끌어왔다. 사실을 따지고, 기준을 세우고, 기록을 남기는 일은 개인의 습관에서 시작하지만, 행정 전반에 퍼져야 작동할 수 있다. 이 과정을 따라가며 쌓인 판단의 기준은 특정인의 감정이나 상황의 변동에 흔들리지 않는다. 공부의 훈련이 제도의 구조로 자리를 옮길 때, 사회는 자신을 스스로 조정할 수 있는 힘을 갖는다.

다산의 형정관: 증거와 절차로 공정을 지키는 태도

경세가 일이 처리되는 방식을 세우는 작업이라면, 형정은 그 방식 위에서 권리를 다루는 기준을 정돈하는 일에 가깝다. 정약용은 처벌을 다루는 데 있어 감정이나 응징보다는 공동의 안정과 생명의 존중을 우선에 두었다. 사건에 대한 판단은 성급한 단정으로 끝나지 않고, 의심을 하나씩 덜어가는 과정으로 다루어져야 한다는 입장을 견지했다. 그는 사람의 진술, 실제로 남은 물건의 흔적, 사건이 벌어진 자리의 상태를 서로 다른 종류로 나누고, 각각을 따로 살핀 뒤 대조하는 순서를 기준으로 삼았다. 말로 전해진 고백은 그 자체로 판단의 근거가 되기보다는, 다른 요소들과 함께 살펴볼 하나의 재료로 여겨졌다. 기억이 흔들릴 수 있는 진술에만 의존하지 않고, 실제로 남은 사정과 맥락 속에서 전체를 가늠하려 했다.

절차는 판단을 바로잡는 틀을 유지하게 한다. 사건을 받아들이는 순간부터 기록이 시작되며, 그 기록은 조사와 확인, 상급 기관의 검토와 회신을 포함한다. 각 과정에는 일정한 기간이 배정되고, 그 안에서 어떤 사람이 어떤 책임을 맡는지 드러나야 판단이 헛되이 흘러가지 않는다. 글로 남긴 이유는 이후를 위한 준비이기도 하다. 기록이 쌓이면 앞선 판단을 다시 되짚을 수 있고, 이 확인의 과정이 다음 판단을 조금 더 나은 방향으로 이끈다. 처음의 판단이 불확실할 경우, 일정한 자리에서 다시 멈추어 확인하고, 아직 결정할 수 없는 사안은 그대로 보류한 채 새로운 근거를 기다리는 일 또한 판단의 일부로 간주된다. 서둘러 단정을 내리는 방식은 그의 사유 방식에서 먼 곳에 있었다.

정약용은 피해를 입은 사람과 지목된 사람 모두에게 일정한 질서가 보장되어야 한다는 입장을 견지했다. 일의 무게가 커질수록 그 주변은 감정으로 휘감기기 쉽다. 이러한 문제가 두드러질수록 다산은 더 세밀하게 절차를 구성해야 한다고 보았다. 조사하는 일과 판단하는 일을 같은 사람이 맡지 않도록 나누고, 사실을 확인하는 일과 결론을 내리는 일을 분리하며, 판단을 끝내는 일과 이를 실제로 옮기는 과정을 한 번 더 나누는 방식이 기본이 되어야 한다고 보았다. 이런 분리는 잘못된 판단이 실제로 이어지지 않도록 하는 안전판으로 작동한다. 조사 문서를 따로 정리하고, 판단한 사람의 의견과 결재선을 문서에 남기고, 이후 어떻게 마무리되었는지를 뒤따라 기록하는 방식이 함께 작동해야 전체 구조가 유지된다. 공정이라는 말이 제도의 질서와 만나려면, 그 질서가 갖추어져 있어야 한다는 사실을 그는 행정 전반에 걸쳐 제시했다.

어디서 멈추어 다시 살필 것인지가 명확해지면, 그 밖의 자리에서는 오히려 일이 더 매끄럽게 진행된다. 서류의 순서가 일정하게 유지되며, 누가 어떤 시점까지 판단해야 하는지가 문서로 입증될 때, 사람은 감정보다는 문서가 말하는 방식에 따라 움직이게 된다. 정약용은 글로 남기는 일을 말보다 앞세웠다. 말은 사라질 수 있지만 기록은 남는다. 기록이 쌓이면 일은 다시 검토할 수 있고, 검토가 가능해야 전체 구조가 무너지지 않는다. 그는 이 생각을 법과 형정을 넘어서 행정 전반에 적용했다. 정책을 세우는 일, 결정을 내리는 일, 사안을 검토하는 일 모두에서 판단과 이유, 책임과 기한이 기록이라는 매체를 통해 조화를 이룰 때 사회는 흔들리지 않는다.

지식의 검증: 지리, 기술, 공학을 함께 묶는 실무를 추구

정약용은 제도의 설계와 판단을 구체적인 지점에서 검토할 수 있도록 기준을 세웠다. 작업이 이루어지는 지형을 살피고, 사물의 위치와 이름이 실제와 어긋나지 않도록 조정했다. 물길이 흘러가는 방향, 마을과 마을 사이를 잇는 길의 굽이, 산과 하천이 만나는 경계의 위치를 꼼꼼히 점검하고, 기록에 남긴 내용과 서로 대조했다. 지도와 문헌이 다르면 행정의 결과가 상황에 따라 달라질 수 있으므로, 그는 잘못된 정보를 그대로 두지 않고 실제의 조건에 맞게 조율하는 일에 집중했다. 예전의 기록이 현재의 땅 모양과 맞지 않을 경우, 지명과 서술을 고치고, 변동된 지형에 맞는 문서를 다시 정리했다. 명칭이나 기준이 바뀌면 제도가 엇나가고, 판단의 바탕이 흐려질 수 있다는 점을 염두에 둔 조치였다. 이 작업은 행정의 왜곡을 막아 일관성을 추구하기 위한 절차였다.

토목과 수리에 관한 글에서도 같은 방식이 보인다. 땅을 파거나 물을 막는 일에는 순서가 필요하고, 그 순서마다 어떤 자재와 인원이 필요한지가 함께 정해진다. 작업의 책임이 누구에게 있는지, 어떤 기준에 따라 사람을 모아야 손실을 줄일 수 있는지가 함께 계산된다. 다산은 기계를 발명하거나 장치를 만들어내는 데 집중하지 않았다. 오히려 그 장치가 어떤 원리로 작동하고, 어떤 지점에서 멈추거나 힘을 덜어내야 하는지를 적었다. 말로 된 설명보다 구조를 그림으로 남기고, 재료의 조건을 수치로 정리하며, 다음 작업에서 판단의 기준이 되도록 준비했다. 한번 실패한 일이라도 기록이 남아 있으면, 다음 설계에서는 그 실패를 줄일 수 있다는 믿음이 있었다.

지형과 구조물에 대한 이러한 정리는 사람 사이의 갈등을 조정하는 일과도 연결된다. 강가에 놓인 둑의 높이, 배수가 이루어지는 방향, 물길을 바꾸는 공사의 범위는 사건을 판단하는 기준이 된다. 공사 중 무너진 흙더미가 누구의 집을 덮쳤는지, 다리가 무너지며 누구에게 피해가 갔는지는 기록이 정리되어 있어야 판단할 수 있다. 정약용은 이러한 조건들을 조사하고, 눈으로 본 대로 기록하고, 그 기록이 행정 문서와 재판 자료로 이어지도록 정비했다.

그가 마련한 기준은 여러 절차 속에서 서로의 자리를 바꾸지 않는다. 조사한 내용을 토대로 계획을 정리하고, 계획에 따라 실제 작업이 이어지고, 이후 그 작업의 결과가 다시 기록으로 돌아온다. 이 과정은 단선적으로 흘러가지 않는다. 결과는 다시 새로운 판단의 시작이 되며, 기록은 다음 준비의 조건이 된다. 행정에서 사용하는 서식과 문서의 순서는 바로 이런 사고를 바탕으로 구성되었다. 어디에서 일어났는지, 어떤 일인지, 누가 책임을 가졌는지, 어떤 결재를 거쳤는지를 확인할 수 있도록, 일정한 기준을 따라 문서를 다듬는 방식이 그의 글에 나타난다.

다산 평생의 내공으로
삶의 질서를 만드는 하루 한 문장 필사
다산의 문장 수업

초 판 1쇄 발행 2025년 10월 23일

지은이 정약용
엮은이 한정호

펴낸이 김민성
편 집 이성은
디자인 한지원

펴낸곳 구텐베르크
주 소 경기도 수원시 광교로156 광교비즈니스센터 6층
전 화 070-8019-3287   **메 일** team@gutenberginc.com
인스타그램 @gutenberg.pub   **블로그** blog.naver.com/gutenberg_

· 이 책은 저작권법에 따라 보호를 받는 저작물이므로 무단 전재와 무단 복제를 금지하며, 이 책 내용의 전부 또는 일부를 이용하려면 반드시 저작권자와 구텐베르크 출판사의 동의를 받아야 합니다.

· 책값은 뒤표지에 있습니다. 잘못된 책은 구입처에서 교환해 드립니다.

ISBN   979-11-994384-2-2   (03150)

새로운 시대를 위한 영감, 구텐베르크 출판사입니다. 좋은 도서만을 제작하겠습니다.